Heike Kügler-Anger
Milchfrei und schnell gekocht

Heike Kügler-Anger

Milchfrei und schnell gekocht

Köstliche vegetarische Rezepte
bei Laktose-Intoleranz und Milchallergie

pala
verlag

Inhalt

Mir geht es (wieder) gut!

Gesundheit ist ein wertvolles Gut und die Unversehrtheit an Körper und Geist ist vielleicht der kostbarste Schatz, den wir uns im Laufe unseres Lebens bewahren können. Zu den Glückskindern dieser Erde zählen die, die ohne die Spur eines Zweifels oder Zipperleins jeden Morgen aufs Neue ausrufen können: Mir geht es gut!

Heute, da ich diese Zeilen des Buches schreibe, darf ich mich frohen Herzens zu diesen Glückskindern zählen. Doch dies war nicht immer so. Nach turbulenten beruflichen Jahren, in denen wir viel zu früh von unserer geliebten Wahlheimat Freiburg Abschied nehmen mussten, in den neuen Bundesländern einer ungewissen Zukunft entgegensahen, nach Berlin beordert wurden, um dann urplötzlich im Rhein-Neckar-Raum zu landen, war mein Gesundheitsschatz gewaltig angegriffen. Jeder Mensch hat seine ganz persönliche »Sollbruchstelle«, die bei physischer oder psychischer Überbelastung zu Bruch gehen kann und damit verhindert, dass das Gesamtsystem einen irreparablen Schaden erleidet. Meine »Sollbruchstelle« hatte sich im Magen-Darm-System angesiedelt und zeigte mir deutlich, dass etwas in meinem Leben nicht mehr in Ordnung war. Milchprodukte jeglicher Art, also die Milch im morgendlichen Müsli, das Käsebrötchen zum Mittag und die mit Mozzarella überbackene Lasagne am Abend, zeigten bei mir plötzlich eine »durchschlagende« Wirkung. Mein Hausarzt ging die ganze Angelegenheit eher pragmatisch an und riet mir, zwei bis drei Wochen konsequent auf alle Milchprodukte, auch die versteckten, zu verzichten und dann weiterzusehen.

Ich sah weiter und erkannte, dass es mir ohne Milch besser ging. Der Begriff einer sekundären Laktose-Intoleranz wurde in den milchfreien Raum gestellt und ich begann, mich dementsprechend neu zu orientieren. Nach dem Studium von Tabellen und Nachschlagewerken, nach dem Durchforsten von Internetforen und Webseiten wusste ich, was ich nicht mehr essen konnte oder sollte. So weit, so gut. Die Frage blieb nur, was bei all den Streichungen überhaupt noch auf den Teller durfte. Schließlich war ich seit einigen Jahren Vegetarierin und hatte Fleisch-, Fisch- und Geflügelprodukte weitgehend durch Milchprodukte ersetzt. Für einen kurzen Augenblick sah ich mich schon nahe am Verhungern. Doch dann setzte sich die leidenschaftliche Köchin und bekennende Gern- und Gut-Esserin

in mir durch. Ich entdeckte die ganze Palette pflanzlicher Milchersatzprodukte, machte mich mit Tofu und Hülsenfrüchten aller Couleur bekannt,
begann mit Nüssen und Kernen zu experimentieren.

Da mein Cholesterinspiegel zudem in den vergangenen Jahren stetig in
die Höhe geklettert war und ich aus einer Familie stamme, in der Herz-
Kreislauf-Erkrankungen nichts Außergewöhnliches sind, beschloss ich, den
Sprung ins ganz eiskalte Wasser zu wagen. Ich nahm mir vor, ein komplet-
tes Jahr lang nicht nur auf alle Milchprodukte, sondern auch auf Eier zu
verzichten.

Aus dem einen Jahr wurden letztendlich drei Jahre und ein paar Monate.
Mein Körper dankte es mir. Ein nach dieser Abstinenz angefertigtes Blut-
bild zeigte sich in allen Bereichen tipptopp. Mein Magen-Darm-System
war ebenfalls zur Ruhe gekommen und die innere Balance zwischen mir
und meinem Darm wiederhergestellt. Inzwischen haben wir uns sogar auf
einen Kompromiss geeinigt: Ich kann einige Milchprodukte in bestimmten
Maßen ohne Schaden zu mir nehmen. Auch Eier habe ich, sehr vorsichtig
dosiert, wieder in meinen Ernährungsplan aufgenommen. Dennoch hüte
ich mich davor, in alte Gewohnheiten zurückzufallen. An vielen Tagen und
vor allem dann, wenn sich beruflicher oder emotionaler Stress ankündigt,
bleibe ich der komplett tiereiweißfreien Ernährungsform treu. Damit ich
auch weiterhin behaupten kann: Mir geht es gut.

Und wie geht es Ihnen?

Dass Sie das Gleiche von sich behaupten können, ist eines meiner Anlie-
gen in diesem Buch. Ich möchte, dass sich sowohl Ihr Gaumen, Ihr
Magen-Darm-System als auch Ihr Kopf bei den hier vorgestellten Rezepten gut aufgehoben fühlen. Letzterem kommt dabei eine nicht zu unter-
schätzende Bedeutung zu, denn Entzugserscheinungen werden sowohl
im Kopf als auch am Körper empfunden. Viele Laktoseintolerante und
Milcheiweißallergiker, mit denen ich inzwischen gesprochen habe, bestä-
tigten mir, dass der Verzicht auf ein seit frühen Kindheitstagen geschätz-
tes Lebensmittel mit körperlichem Unbehagen und immensen Verlustge-
fühlen gekoppelt ist.

Als kleinen Ausgleich dafür möchte ich Ihnen eine ganze Reihe von
Rezepten an die Hand geben, die in Konsistenz und Geschmack an Milch,

Käse oder Sahne erinnern, die Geschmacksnerven befrieden und die Gier nach dem, was nicht mehr sein kann, besänftigen.

Verwöhnen Sie sich mit cremigen Dips und Dressings, genießen Sie sämige Suppen, würzige Gratins oder zart schmelzende Desserts, ohne dass Sie dabei ein für Sie unverträgliches Tiermilchprodukt zu sich nehmen.

Fix fertig, fix lecker

Milch oder nicht Milch ist nicht das Maß aller Dinge. Viele schmackhafte und vollwertige Gerichte kommen ganz ohne die Verwendung von Tiermilch beziehungsweise Milchersatzprodukten aus. Lernen Sie neue Zutatenkombinationen, andere Einsatzmöglichkeiten oder ungewöhnliche Variationen von Obst, Gemüse, Hülsenfrüchten, Nüssen und Kernen kennen und schätzen. Bereichern Sie Ihren Speiseplan mit neuen Lieblingsspeisen und neu definierten Klassikern.

Ja, gerne, wird jetzt vielleicht der eine oder andere von Ihnen antworten. Aber woher nehme ich, bei aller Liebe zu gutem und dazu noch milchfreiem Essen, die Zeit dafür?

Wie viel Zeit wollen oder können Sie sich nehmen, würde ich jetzt gern zurückfragen: fünfzehn, zwanzig oder allerhöchstens dreißig Minuten? Denn das ist das vielleicht Schönste an diesem Buch: Alle hier aufgeführten Gerichte können in maximal dreißig Minuten zubereitet werden. Viele von ihnen sind sogar wesentlich schneller fertig. Und das vom leichten Salat bis zum sättigenden Schmortopf. Von der Vorspeise bis zum Dessert. Und für absolute Zeitnotfälle stehen praxiserprobte Blitzgerichte zur Verfügung, die der ganzen Familie schmecken. *Time* ist in diesem Zusammenhang nicht das viel zitierte *money*, sondern Wohlgeschmack.

So wünsche ich Ihnen, dass kein Wermutstropfen Ihr milchfreies Leben mehr trüben möge. Und dass wir auch morgen noch gemeinsam von uns behaupten können: Uns geht es gut!

Ihre

Wenn die Milch nicht munter macht: Laktose-Intoleranz und Milchallergie

Dieses Kribbeln im Bauch

Kennen Sie das Gefühl? Sie haben einen leckeren Milchkaffee getrunken, eine Pizza mit extra dickem Käsebelag gegessen oder die erste (vegetarische) Grillwurst des Jahres genossen und nach kurzer Zeit ist es wieder da: dieses Kribbeln und Grummeln im Bauch.

Wahrscheinlich reagiert Ihr Körper auf einen der Stoffe, die Sie vorher mit der Nahrung aufgenommen haben. Er zeigt Ihnen zum Beispiel durch Völlegefühl, Magenschmerzen, Sodbrennen, Blähungen, Durchfall, Erbrechen oder ähnliche Beschwerden, dass die innere Balance gestört ist. Wenn Sie asiatischer oder afrikanischer Abstammung sind, ist diese Reaktion weitgehend normal. Sofern Sie aus den südlichen Ländern stammen, ist sie nicht ungewöhnlich. Sind Sie wie ich nordeuropäischer Abstammung, gehören Sie wahrscheinlich zur wachsenden Schar derer, die auch hierzulande Milch oder Milchprodukte nicht oder nicht mehr vertragen. Sie sind vermutlich laktoseintolerant.

Es mag Sie trösten zu erfahren, dass etwa fünfzehn bis dreißig Prozent der Europäer an den gleichen Unpässlichkeiten und Beschwerden leiden. In Deutschland, Österreich und der Schweiz ist schätzungsweise jeder zehnte Erwachsene davon betroffen.

Was bedeutet laktoseintolerant?

Laktoseintolerant bedeutet nichts anderes, als dass die Laktose (Milchzucker), die in allen Milcharten tierischer Abstammung (also in Kuh-, Schafs-, Ziegen- und Stutenmilch) in unterschiedlichen Anteilen enthalten ist, Ihnen und Ihrem Körper Probleme bereitet.

Normalerweise wird die Laktose im Dünndarm durch das Enzym Laktase in seine beiden Bestandteile Glukose und Galaktose aufgespalten. Fehlt dieses Enzym oder wird zu wenig davon produziert, wird der Milchzucker nicht in die beiden Einfachzucker zerlegt, und die Laktose ist für den menschlichen Körper nicht verwertbar. Die ungespaltene Laktose gelangt in tiefere, mit Bakterien besiedelte Darmabschnitte und dient den Bakterien dort als Nährstoff. Als Folge dessen bilden sich eine Menge von Gasen und organischen Säuren. Wasser strömt in den Darm, die Darmbewegung wird gesteigert und die typischen gesundheitlichen Beschwerden wie Blähungen, Durchfall, Druckschmerz und Ähnliches setzen ein.

Die Beschwerden treten jedoch erst bei einem starken Laktasemangel auf, sodass kleine Mengen an Milchzucker oft vertragen werden. Ist die Störung nur schwach ausgeprägt, sind Milchprodukte wie Joghurt oder Hartkäse, die weniger Laktose enthalten, meist kein Problem.

Ist Laktose-Intoleranz erblich?

Um die Frage der Vererbbarkeit befriedigend beantworten zu können, muss man zwischen verschiedenen Formen der Laktose-Intoleranz unterscheiden:

- **Angeborener Laktasemangel**
  Bei dieser Form ist der Mangel angeboren, von Geburt an fehlt das Enzym Laktase und die Säuglinge leiden unter Durchfall. Dieser Enzymdefekt ist allerdings sehr selten, weltweit sind nur einige Dutzend Fälle bekannt.
- **Primärer Laktasemangel**
  Die Laktose-Unverträglichkeit wird meist mit zunehmendem Lebensalter erworben. Dabei zeigen sich genetische Unterschiede: Am häufigsten tritt der Laktasemangel in Südostasien, Zentralafrika und im Mittelmeerraum auf. Große Teile der Bevölkerung in den genannten Regionen können schon ab dem Kindesalter keinen Milchzucker vertragen. In Europa hat hingegen »nur« etwa ein Drittel der Bevölkerung einen Laktasemangel.
  Bei den Betroffenen lässt die Produktion des Enzyms Laktase zwischen dem zweiten und zwanzigsten Lebensjahr allmählich nach. Ein Erwachsener hat nur noch einen Bruchteil der Laktasebildung eines Säuglings (der sonst keine Muttermilch vertragen könnte).
- **Sekundärer Laktasemangel**
  Die sekundäre Form der Laktose-Intoleranz kann als Begleiterscheinung verschiedener Erkrankungen des Dünndarms (Zöliakie, Morbus Crohn, Reizdarm-Syndrom) oder von Darmoperationen auftreten.

Wenn die auslösenden Faktoren beseitigt wurden – beispielsweise durch konsequent glutenfreie Kost bei Zöliakie oder Sprue – kann die Laktase-produktion in der Dünndarmschleimhaut wieder einsetzen und Tier-milchprodukte werden wieder vertragen.

Auch durch die Einnahme verschiedener Medikamente wie Antibiotika oder Zytostatika kann ein Laktasemangel hervorgerufen werden. Nach dem Absetzen des Mittels schwindet auch die Unverträglichkeit.

Laktose-Intoleranz ist geschlechtsunspezifisch, das heißt, Männer und Frauen sind zu gleichen Teilen davon betroffen. Generell ist festzustellen, dass die Zahl der Menschen, denen der Verzehr von milchzuckerhaltigen Lebensmitteln Probleme bereitet, in den letzten Jahren zugenommen hat, und die Dunkelziffer derer, die über die Ursache ihrer Beschwerden im Unklaren sind, wird als sehr hoch eingeschätzt.

Wie finde ich heraus, ob ich laktoseintolerant bin?

Laktose-Intoleranz ist ein Enzymmangel und damit keine Krankheit im eigentlichen Sinn. Viele Betroffene fühlen sich nach dem Verzehr von Milchprodukten allerdings im wahrsten Sinne des Wortes krank. Das Wissen um die Hintergründe einer Laktose-Intoleranz und die Einleitung entsprechender Maßnahmen bringen meistens schnell und bleibende Besserung.

Es gibt verschiedene Möglichkeiten, eine Laktose-Intoleranz auf klinischem Weg nachzuweisen. Am wichtigsten ist es jedoch, dass Sie bei Verdacht auf Milchzucker-Unverträglichkeit einen Facharzt oder eine Klinik mit entsprechendem Fachwissen aufsuchen. Ein vorsorglicher Verzicht auf Milchprodukte ohne gesicherte Diagnose ist nicht sinnvoll.

Bei entsprechendem Verdacht wird meist ein **Laktosetoleranz- oder Laktosebelastungstest** durchgeführt. Dazu wird zunächst eine Laktose-lösung verabreicht und danach in kurzen Abständen der Blutglukosespiegel bestimmt. Ist ausreichend Laktase im Dünndarm vorhanden, sorgt das Enzym für die Spaltung des Milchzuckers in die Bausteine Glukose und Galaktose und der Blutzuckerspiegel steigt an. Wird der Milchzucker nicht gespalten, bleibt der Anstieg des Blutzuckerwertes gering oder fehlt ganz.

Beim **Hydrogen-Atemtest** wird ebenfalls eine laktosereiche Lösung gereicht. Anschließend wird über einen längeren Zeitraum in regelmäßigen Abständen die Wasserstoffkonzentration in der ausgeatmeten Luft gemessen. Hohe Werte weisen darauf hin, dass der Milchzucker im Dünndarm nicht abgebaut werden kann und unverändert in den Dickdarm gelangt. Dort wird er vergoren, und als Stoffwechselprodukt entsteht unter anderem Wasserstoff. Das Gas kann durch die Darmwand dringen und wird über die Lunge abgeatmet. Daher kann der Wasserstoff über den Atemtest gemessen werden.

Vielleicht wird man Ihnen auch vorschlagen, eine **Eliminationsdiät** durchzuführen, bei der Sie zwei bis drei Wochen lang auf alle Milchprodukte (auch die versteckten) verzichten. Wenn Sie nach der verordneten Abstinenz ein bis zwei Glas Milch trinken und mit den typischen Beschwerden reagieren, liegt das Vorhandensein einer Laktose-Intoleranz nahe. Dieser **Provokationstest** sollte jedoch niemals – vor allem wenn Sie zu dem Personenkreis gehören, der sehr heftig auf Laktose reagiert oder bei dem die Abgrenzung zu einer Milcheiweißallergie noch nicht vollzogen ist – ohne ärztliche Aufsicht durchgeführt werden!

Außerdem gibt der Provokationstest keinen Aufschluss darüber, in welcher Menge Laktose vertragen wird. Hier verschafft nur der Laktosebelastungstest oder der Atemtest Klarheit.

Abzuklären ist außerdem, ob die körperlichen Symptome nicht durch andere Nahrungsmittel-Unverträglichkeiten oder durch Allergien bedingt sind. Ähnliche Beschwerden wie bei der Laktose-Intoleranz treten zum Beispiel auch bei Zöliakie (Unverträglichkeit von Gluten, einem Eiweiß in vielen Getreidearten) oder Fruktose-Intoleranz (Unverträglichkeit von Fruchtzucker) auf.

Bei einer Allergie macht Milcheiweiß Probleme

Milcheiweiß ist bei der Kuhmilchallergie der problematische Bestandteil. Das Immunsystem ist auf Irrwegen, und an sich harmlose Lebensmittel wie Kuhmilch oder Joghurt bewirken, dass der Körper Antikörper gegen das fremde Eiweiß bildet.

Kuhmilch enthält etwa fünfundzwanzig verschiedene Eiweiße. Der größte Anteil mit achtzig Prozent entfällt auf die Kaseine. Die Molkenproteine machen die restlichen zwanzig Prozent aus. Eine Kuhmilcheiweiß-Allergie kann prinzipiell gegen alle Eiweiße der Kuhmilch bestehen.

Je nachdem, wie stark die allergische Reaktion ist und welche Eiweiße sie auslösen, ist die Verträglichkeit von Milchprodukten unterschiedlich. Bei den meisten Allergikern lösen bereits kleinste Mengen eine Reaktion aus, hier ist ein völliger Verzicht auf Milch und die unverträglichen Milchbestandteile notwendig.

Beim Kontakt mit dem Milcheiweiß werden Antikörper, Immunglobuline vom Typ E (IgE), ausgeschüttet. Diese Antikörper arbeiten mit anderen Akteuren des Immunsystems, den Mastzellen, zusammen. Mastzellen sind überall im Bindegewebe und im Blut zu finden. Sie sind mit kleinen Bläschen gefüllt, die Mittlersubstanzen wie beispielsweise Histamin enthalten. Bei einer Immunreaktion sorgt IgE dafür, dass Histamin freigesetzt wird. In den umliegenden Geweben kommt es dadurch zu Entzündungsreaktionen.

Die Symptome sind sehr unterschiedlich. Am häufigsten treten Magen- und Darm-Probleme auf, aber auch Beschwerden an den Atmungsorganen (Husten, Schnupfen, Asthma) oder Reaktionen der Haut (Milchschorf, Rötung, Pusteln, Juckreiz). Die Blutgefäße können sich erweitern, dadurch sinkt der Blutdruck – im Extremfall bricht der Kreislauf zusammen und es kommt es zum allergischen Schock.

Milchallergie im Kleinkind- und Erwachsenenalter

Bei Babys und Kleinkindern, die auf Kuhmilch mit Durchfall oder Erbrechen reagieren, liegt der Verdacht auf eine Kuhmilchallergie nahe. Bis zu sieben Prozent aller Säuglinge und Kleinkinder sind davon betroffen. Das Verdauungssystem ist bei kleinen Kindern noch unvollständig entwickelt und die Darmschleimhaut ist noch sehr durchlässig. Milcheiweiß, das normalerweise zum größten Teil in Aminosäuren zerlegt wird und dann keine Probleme macht, gelangt in größeren Mengen ungespalten vom Darm ins Blut und kann dann zu einer Allergie führen. Das Kuhmilcheiweiß ist meist das erste artfremde Protein, mit dem das Kleinkind in Kontakt kommt. Wenn in diesem Zeitraum konsequent auf alle Kuhmilchprodukte verzichtet wird, ist die Prognose für die Milchallergie im Kleinkindalter sehr günstig. Bis zum zweiten Lebensjahr kann es zur Heilung durch die Reifung der Darmschleimhaut und des Immunsystems kommen. Bei vielen Kindern schwächt sich die Allergie mit zunehmendem Alter ab, sodass sechzig bis achtzig Prozent der betroffenen Kinder bei Schulantritt wieder Kuhmilch vertragen.

Wenn sich die Kuhmilchallergie jedoch im frühen Kindesalter nicht »verliert« oder erst im Erwachsenenalter auftritt, bleibt sie meist ein Leben lang erhalten.

Auch hier reagiert das Immunsystem überempfindlich auf eines oder mehrere der mehr als fünfundzwanzig in Kuhmilch enthaltenen Eiweiße. Dabei reichen oft schon geringe Mengen aus, damit der Körper auf das Heftigste reagiert. Anders als bei der Milchallergie im Kleinkindalter beschränken sich die Symptome hier jedoch nicht vorwiegend auf den Magen-Darm-Trakt, sondern betreffen die Haut, das Nervensystem und den Atemtrakt. Frauen sind in diesem Fall deutlich häufiger als Männer betroffen.

Ohne genaue Diagnose kein Verzicht auf Milch

Wenn Sie den Verdacht haben, dass Sie selbst oder Ihre Angehörigen an einer Milchallergie leiden, sollten Sie sich unbedingt durch eine gezielte und fachlich abgesicherte Diagnose Klarheit verschaffen. In einer allergologischen Facharztpraxis kann festgestellt werden, gegen welche Eiweißbestandteile der Milch allergisch reagiert wird. In der Regel wird dies durch einen Labortest, bei dem Blut im Reagenzglas auf Antikörper oder sensibilisierte Zellen untersucht wird, geschehen. Aufgrund der daraus ermittelten Werte wird man Ihnen mitteilen, welche Milchprodukte Sie noch zu sich nehmen können und welche Sie meiden müssen.

Das schwer lösliche und hitzestabile Kasein ist bei vielen Betroffenen das Hauptallergen, also der Hauptauslöser für allergische Reaktionen. Da Kasein nicht artspezifisch ist und sowohl in der Milch von Kühen als auch von Ziegen und Schafen sowie in Stutenmilch vorkommt, müssen bei einer Allergie gegen Kasein alle tierischen Milcharten vermieden werden.

Die Molkeneiweiße sind dagegen tierartspezifisch, sodass eine allergische Reaktion zum Beispiel auf Kuhmilch begrenzt sein kann. In diesem Fall können Allergiker unter Umständen auf Ziegen-, Schafs- oder Stutenmilch ausweichen. Außerdem sind diese Eiweiße hitzeempfindlich, sodass es durch zehnminütiges Erhitzen auf 100 °C zu einer Verminderung der Allergene kommt. Wenn Sie an dieser Form der Allergie leiden, können Sie mitunter neben erhitzten Milchprodukten auch Joghurt und Käse vertragen.

Da es bis jetzt noch keine Therapie gibt, die die Ursache der Nahrungsmittelallergie bekämpft, sollten Sie sich an die Diätvorgaben halten. Wurde durch den Labortest bestätigt, dass Sie unter einer Allergie leiden, sollten Sie Ihre Ernährung konsequent umstellen, auch wenn Ihnen das am Anfang – ich spreche hier aus eigener Erfahrung – alles andere als leicht fällt. Dabei kann es sinnvoll sein, eine Ernährungsberatung in Anspruch zu nehmen.

Bei einer **Milchallergie** ist das **Milcheiweiß** der problematische Nahrungsbestandteil. Schon kleinste Mengen können heftige Reaktionen hervorrufen. Ein Allergietest bringt Klarheit darüber, welche Eiweißbestandteile der Milch eine Allergie hervorrufen.

Ist **Kasein** der Auslöser, müssen alle tierischen Milcharten, auch Ziegen-, Schafs- und Stutenmilch, gemieden werden.

Sind die **Molkeneiweiße** der Grund für die allergische Reaktion, vertragen Allergiker eventuell Produkte aus Ziegen-, Schafs- oder Stutenmilch und müssen lediglich Kuhmilch meiden. Auch erhitzte Milchprodukte wie beispielsweise Käse können unter Umständen gegessen werden.

Bei der **Laktose-Intoleranz** muss der **Milchzucker** (Laktose) gemieden werden. Ein spezieller Laktosetest (nicht der Allergietest!) bringt Klarheit, ob eine Unverträglichkeit vorliegt und in welchen Mengen der Milchzucker noch vertragen wird. Die Verträglichkeit ist individuell sehr unterschiedlich, teilweise sind kleine Mengen Kuhmilch in Kaffee oder Tee, Sauermilchprodukte wie Joghurt sowie gereifter Käse kein Problem.

Milch anderer Tierarten, beispielsweise von Schaf oder Ziege, sorgt ebenfalls für Unverträglichkeitsreaktionen, da sie ebenfalls Laktose enthält.

Die Diagnose steht: Und was nun?

Sobald die Diagnose erfolgt ist, stellt sich in der Regel erst einmal Erleichterung ein. Viele Betroffene haben eine jahrelange Odyssee von Arztpraxis zu Arztpraxis hinter sich und wurden im schlimmsten Fall als »eingebildete Kranke« abgetan. Jetzt müssen Wege gefunden werden, mit der Laktose-Intoleranz oder Milchallergie möglichst beschwerdefrei und gesund zu leben. Die Lust am Leben und auch am Essen sollen zurückgewonnen werden. Ist das einfacher gesagt als getan?

Schließlich wird Ihnen Ihr Arzt oder Ernährungsberater (hoffentlich) einen ganzen Berg von Ratschlägen und Verhaltensmaßregeln mit auf den milchfreien Weg gegeben haben. In all denen werden jedoch die Wörter »Diät« oder »Verzicht« mehr oder minder dick gedruckt auftauchen und bei Ihnen alle Alarmglocken zum Schrillen bringen. Wohlgefühl trotz Diät? Genuss trotz Verzicht? Glauben Sie mir: Mit ein bisschen gutem Willen, ein wenig Durchhaltevermögen, Fantasie sowie Mut zur Veränderung werden auch Sie die Schwelle zum tiermilchfreien Genuss mit Bravour überschreiten. Weil der erste Schritt bekanntlich der schwerste ist, werden wir ihn im nächsten Kapitel gemeinsam beschreiten und uns dann Schritt für Schritt der milch- und damit beschwerdefreien Ernährung nähern.

Milchfrei kochen und essen

Die Macht der milchfreien Gedanken

Jetzt ist es also soweit: Sie wollen oder sollen auf alle Milchprodukte verzichten. Wenn Sie zur ersten Gruppe gehören und diesen Entschluss vielleicht auch aus ethisch-moralischen Gründen getroffen haben, sind Sie fein heraus. Sie sind wahrscheinlich schon gut informiert, hoch motiviert und brennen darauf, neue Dinge auszuprobieren. Die Umstellung ist für Sie ein Kinderspiel.

Wenn Sie dagegen ausschließlich wegen einer Milchzucker-Unverträglichkeit oder einer Milcheiweißallergie der Tiermilch entsagen, haben Sie wahrscheinlich eher ein Problem. Der Abschied von einem in unserem Kulturkreis so fest verankerten Lebensmittel fällt physisch und psychisch schwer.

Als ich mich vor Jahren in der gleichen Situation befand, riet mir eine gute Freundin, die Dinge positiv anzugehen. Nun ja, sie gehört zu denen, für die das (Milch-)Glas immer halb voll statt halb leer ist. Für mich als geborene Pessimistin stellte sich die Sachlage dagegen ganz anders dar: In meinem Milchglas war überhaupt nichts mehr zu finden! Doch mein Körper teilte mir unmissverständlich mit, was er wollte und was nicht. Ich gab mir einen Ruck und begann, meine milchfreie Zukunft nicht als Handikap, sondern als Chance zu sehen. Die Chance, neue Lebensmittel kennen zu lernen, neue Kochtechniken auszuprobieren, neue Gerichte zu erschmecken, neue Eindrücke zu sammeln.

Mittels neuer Kochbücher und Anregungen aus dem world wide web reiste ich kulinarisch durch die ganze Welt, und dort gab es Köstliches zu entdecken: von feinen indischen Dhal-Suppen, würzigen mexikanischen Tortillas, knusprigen chinesischen Tofuzubereitungen über spanische Gemüsepaella, französischen Auberginenkaviar bis zu herzhaften irischen Kartoffelgerichten. Alles war neu, bunt, spannend und vor allem lecker! Wer wollte da noch von Verzicht reden?

Ich bin mir sicher, dass es Ihnen – vielleicht mit Hilfe dieses Buches – in Kürze genauso gehen wird. Machen Sie sich frei von alten Vorstellungen und noch älteren Rezepten (auch wenn es sich um Uromas preisgekrönte Kirsch-Sahne-Torte handelt) und öffnen Sie Ihre Geschmacksknospen für Neues.

Bevor Sie jedoch gleich zu Messer, Hackbrettchen und Kochtopf greifen, lassen Sie uns vor die schmackhafte Praxis noch etwas Theorie setzen.

Kritisches Auge sei wachsam!

Milch und damit unweigerlich auch Milchzucker sowie Milcheiweiße befinden sich in vielen Lebensmitteln. Bei vielen Produkten, wie zum Beispiel Milch, Kondensmilch, Sahne, Butter, Käse, Joghurt, Quark, Frischkäse, Schmand, Sauerrahm, Crème fraîche, Molke, Buttermilch, Dickmilch, Kefir sowie Kakao oder anderen Getränken auf Milchbasis, ist das ganz offensichtlich. Diese können Sie ohne große Probleme vermeiden oder Sie weichen auf rein pflanzliche Ersatzprodukte aus. Näheres dazu finden Sie im nächsten Kapitel (ab Seite 27).

Schwieriger wird es, wenn die Dinge nicht so offensichtlich auf der Hand liegen. Denn unerwünschte Milchbestandteile verbergen sich vielfach auch in:

- Backwaren (Brötchen, süßes Hefegebäck, Kekse, Kuchen, Knäckebrot),
- Süßwaren (Schokolade, Pralinen, Bonbons, Müsliriegel, Nuss-Nougat-Creme, Eis),
- herzhaften Knabbersachen (Chips, Flips, Cracker, Nussmischungen),
- Instanterzeugnissen (Gemüsebrühe, Pulver für Kartoffelpüree und Klöße, Suppen, Saucen, Puddings und Cremespeisen, Gewürz- und Backmischungen),
- Fertiggerichten (Fertigmenüs aus der Dose oder der Tiefkühltruhe, tiefgekühlte und mit Sauce und/oder Würzmitteln angereicherte Gemüsemischungen, Pizza).

Milchbestandteile sind aber auch in vielen Medikamenten, in alkoholischen Zubereitungen, in Süßstoff- oder Vitamintabletten, Fleisch- und Wurstprodukten oder auch in Margarine enthalten.

Die hier aufgeführte Liste ist bei weitem nicht komplett und wenn Sie ab jetzt mit kritischen Augen durch den Supermarkt Ihres bisherigen Vertrauens streifen, werden Sie – vielleicht mit Schrecken – feststellen, wie weit in der industriellen Fertigung von Lebensmitteln die Zugabe von Milchzucker, Milch- und Molkenproteinen verbreitet ist. Milchbestandteile wie zum Beispiel Milchzucker fallen bei der Verarbeitung von Milch quasi als »Abfallprodukte« an und sind damit relativ preiswert. Außerdem dienen sie als

Trägersubstanz für Aromen, sind wasserbindend, sorgen beim Backen für die Bräunung und verleihen stark verarbeiteten Nahrungsmitteln ein angenehmes Kaugefühl. Milchderivate und Milchzucker bewusst zu vermeiden, ist also eine Kunst für sich.

Bei einer Allergie gegen Milcheiweiß sind neben den klassischen Milchprodukten auch Süßmolkenpulver, Molke, Milcheiweiß als Zusatzstoff und Kasein problematisch. Milchzucker (Laktose) ist hingegen kein Problem.

Wer unter Laktose-Intoleranz leidet, sollte vor allem bei Fertigprodukten wachsam sein, denn sie enthalten häufig Milchzucker.

Hinter folgenden Begriffen verbergen sich Milchbestandteile:

- Laktose oder Lactose,
- Laktosemonohydrat,
- Milchprotein oder Milcheiweiß,
- (tierisches) Eiweiß,
- Milchpulver (Mager- oder Vollmilchpulver),
- Süßmolke, Sauermolke oder Molke,
- Molkeneiweiß,
- Molkenerzeugnisse,
- Kasein (Casein) und Kaseinate,
- Laktalbumin,
- Laktoglobulin.

Bei Lebensmitteln, deren Zusammensetzung nicht zweifelsfrei zu erkennen ist, lohnt es sich, beim Hersteller schriftlich nachzufragen.

Ob Sie bei einer Laktose-Intoleranz völlig oder nur teilweise auf Lebensmittel, die in kleinen Mengen Laktose enthalten, verzichten müssen, ist individuell sehr unterschiedlich. Lassen Sie sich dazu kompetent beraten und hören Sie auf Ihren Körper!

Schritt für Schritt zum Erfolg

Aller Anfang ist schwer, auch wenn man seine Ernährung komplett auf den Kopf stellt, und von nun an auf Milchprodukte teilweise oder völlig verzichten soll. Im Wust der Warnungen, Vorschriften, Empfehlungen und Hinweise, die einem mit auf den milchfreien Weg gegeben werden, glaubt mancher gar schier zu ersticken. Damit Sie wieder frei durchatmen können, empfiehlt es sich, diesen Weg in mehrere kleine Teilabschnitte zu gliedern. Wenn Sie sich in mäßigem Tempo mit nur leichtem Gepäck, Stück für Stück dem Ziel nähern, fällt Ihnen das Durchhalten leichter und Sie haben noch Puste, sich um die vielen anderen wichtigen und schönen Dinge des Lebens zu kümmern.

■ **Schritt 1:**
Informieren Sie sich. Machen Sie dabei jedoch keinen Informationsrundumschlag, indem Sie Tag und Nacht nur noch über Richtlinien, Büchern und Internetseiten brüten, sondern informieren Sie sich gezielt darüber, was für Ihre spezielle Form der Nahrungsmittelunverträglichkeit oder Allergie dienlich ist. Scheuen Sie sich nicht, Ihren Arzt mit gezielten Fragen zu »löchern«. Er wird Ihnen lieber Rede und Antwort stehen, als bei Ihnen heftige Beschwerden oder gar einen allergischen Schock zu riskieren!

■ **Schritt 2:**
Werden Sie zum »Etiketten-Fuchs«. Lernen Sie die Begriffe, hinter denen sich auf Zutatenlisten Milchprodukte verbergen, wie die Vokabeln einer Fremdsprache auswendig. In diesem Zusammenhang ist es nützlich zu wissen, dass auf Zutatenlisten die Zutaten mengenmäßig in absteigender Reihenfolge aufgeführt sind.

Am Anfang der Ernährungsumstellung wird sich der Zeitaufwand für Ihre täglichen Einkäufe dadurch ein wenig verlängern. Nach wenigen Wochen werden Sie jedoch feststellen, dass Sie sich zum »Etiketten-Profi« entwickelt haben, dem das Einkaufen wieder fix und zielgerichtet von der Hand geht.

■ **Schritt 3:**
Weichen Sie auf pflanzliche Ersatzprodukte aus. Probieren Sie so lange, bis Sie Ihre persönlichen Geschmacksfavoriten gefunden haben. Oft dauert es eine Weile, bis sich Ihre Geschmacksnerven an die etwas veränderten Geschmackseindrücke gewöhnt haben.

- **Schritt 4:**
Informieren Sie Ihr privates und berufliches Umfeld darüber, was Sie essen können und was nicht. Zögern Sie nicht bei Speisen oder Zutaten, die für Sie unverträglich sind, ein freundliches, aber deutliches NEIN zu äußern. Bleiben Sie bei diesem Nein konsequent. Auch oder gerade dann, wenn Sie Angst haben, dadurch unhöflich zu wirken. Das »bisschen Sahne« im Kartoffelsalat mag für andere nur auf der Waage ausschlaggebend sein. Sie nehmen damit unter Umständen gesundheitliche Probleme auf sich.

- **Schritt 5:**
Nehmen Sie **bei beruflichen oder privaten Anlässen,** die mit einem Essen verbunden sind und bei denen Sie vorher keine Absprache mit den Gastgebern oder der Restaurantküche treffen konnten, sicherheitshalber immer Ihr eigenes, kleines »Fresspaket« mit. Das verhindert, dass Sie den ganzen Abend mit knurrendem Magen vor einem leeren Teller sitzen müssen oder Sie sich mit den für die Dekoration gedachten Salatblättern begnügen müssen. Ihre Gastgeber werden Ihnen, sofern Sie ihnen die Gründe für Ihr ungewöhnliches Verhalten darlegen, nicht böse sein.

- **Schritt 6:**
Bieten Sie **bei privaten Einladungen** an, für einen Teil der Speisen zu sorgen. Ein selbst gemachter Salat oder eine Suppe sind fix zubereitet und sorgen dafür, dass Sie, was das Essen betrifft, immer auf der sicheren Seite sind.

Bemessen Sie Ihr kulinarisches Mitbringsel jedoch nicht zu knapp, denn meist finden sich schnell andere »Mitesser«, die an neuen Geschmackserfahrungen und Rezepten interessiert sind.

- **Schritt 7:**
Falls Sie **auswärts essen gehen,** weisen Sie nicht nur das Bedienungspersonal, sondern am besten gleich den Koch oder die Köchin auf Ihre speziellen Bedürfnisse hin. Und fragen Sie, bevor Sie sich über die bestellten Speisen hermachen, am besten noch einmal eindringlich nach.

Sofern Sie Restaurantbesuche planen können, empfiehlt es sich, vorher mit dem Personal abzusprechen, was für Sie möglich ist und was nicht.

- **Schritt 8:**
Halten Sie, sofern Sie an einer schweren Milchallergie leiden, immer Ihre **Notfallmedikamente** bereit.

■ **Schritt 9:**

Werden Sie zum ambitionierten Hobby-Koch oder zur begeisterten Hobby-Köchin und **erweitern Sie Ihr Rezeptrepertoire.**

Auch das funktioniert, wenn man schrittweise vorgeht, einfacher als gedacht:

☐ Wählen Sie zunächst drei Ihrer bisherigen Lieblingsmahlzeiten aus, die sich relativ einfach zubereiten lassen. Ersetzen Sie alle darin vorkommenden Tiermilchprodukte durch pflanzliche Ersatzprodukte (Anregungen dazu ab Seite 27). Probieren und experimentieren Sie so lange, bis Sie mit den neuen, tiermilchfreien Resultaten zufrieden sind.

☐ Wählen Sie anschließend aus Ihrem bisherigen Rezeptfundus drei Rezepte aus, die auch ganz ohne die Zugabe von Milchprodukten auskommen können. Am besten eignen sich hierfür Reis- oder Nudelgerichte sowie Eintöpfe.

☐ Wählen Sie dann aus einem tiermilchfreien oder veganen Kochbuch (am besten natürlich aus diesem!) drei für Sie neue Gerichte aus und kochen Sie diese nach.

Wenn Sie diese Schritte durchgeführt haben, haben Sie mit einem Minimum an Veränderung neun für Sie sichere und schmackhafte Mahlzeiten in petto. Von hier aus lässt sich Ihr Repertoire beliebig erweitern.

Die Rezepte ab Seite 62 werden Ihnen mit Sicherheit dabei helfen.

■ **Schritt 10:**

Teilen Sie Ihr Wissen und Ihre Kochrezepte mit anderen Betroffenen. Dabei werden Sie feststellen, dass Teilen nicht Halbieren, sondern Vervielfachen bedeutet. Und schon bald werden Sie einen ganzen Schatz an nützlichen Tipps, wertvollen Anregungen und schmackhaften Kochrezepten angesammelt haben.

Auch ohne Milch fit und gesund

Milch und Gesundheit

Milch und Milchprodukte sind in unserem westlichen Kulturkreis die wichtigste Quelle zur Kalziumaufnahme. Wer auf Kuhmilch aus gesundheitlichen oder ethischen Gründen verzichtet, muss allerdings nicht um seine Gesundheit, vor allem um die seines Körperbaus und seiner Knochen, fürchten. Denn wenig Milch ist nicht unbedingt gleichbedeutend mit schlechter Knochengesundheit.

Für stabile Knochen sind mehrere Faktoren entscheidend, die Aufnahme von Kalzium ist nur einer – wenn auch ein essenzieller – davon. Neben Kalzium und Magnesium werden auch Vitamine, vor allem Vitamin D und K, sowie Spurenelemente benötigt. Zu viel Milch kann unter Umständen sogar den gegenteiligen Effekt haben: Bei einer sehr eiweißreichen Ernährung mit viel Fleisch, Eiern und Milchprodukten auf dem Speiseplan erhöht sich der Kalziumbedarf, da vermehrt Kalzium ausgeschieden wird.

Mit einer vollwertigen Ernährung, die Obst, Gemüse, Vollkornprodukte aus Getreide, Hülsenfrüchte und Sojaprodukte und weniger tierisches Eiweiß enthält, werden Sie rundum gut versorgt.

Wer sich außerdem noch gerne und am besten täglich eine halbe Stunde an der frischen Luft bewegt, stärkt nicht nur Muskulatur und Knochen, sondern tankt ganz nebenbei noch das »Sonnenvitamin« D, durch das die Kalziumaufnahme verbessert wird.

Eine hohe Phosphorzufuhr behindert dagegen die Kalziumaufnahme und führt außerdem dazu, dass Kalzium aus den Knochen freigesetzt wird. Phosphor kommt vor allem in eiweißreichen tierischen Lebensmitteln vor und wird als Zusatzstoff beispielsweise in Schmelzkäse, Brühwurst und in Colagetränken eingesetzt.

Kalzium aus pflanzlichen Quellen

Mutter Natur stellt uns ein breites Spektrum an pflanzlichen Nahrungsmitteln zur Verfügung, durch die der tägliche Kalziumbedarf adäquat gedeckt werden kann.

Einige grüne Gemüsesorten mit niedrigem Oxalsäuregehalt wie zum Beispiel Brokkoli, Chinakohl, Grünkohl, Okra und Kohlrabi liefern Kalzium mit einer hohen Bioverfügbarkeit. Andere zuverlässige Kalziumliefe-

ranten aus der Gemüseabteilung sind Fenchel und Lauch sowie Küchen-
und Wildkräuter wie Petersilie, Kresse, Dill, Schnittlauch, Basilikum,
Estragon, Brennnessel und Löwenzahn. Auch Nüsse (Mandeln, Haselnüsse,
Paranüsse) und Samen (Sesam, Mohn, Sonnenblumenkerne) sowie Tro-
ckenfrüchte (getrocknete Feigen, Datteln) enthalten in nicht unerheblichen
Mengen Kalzium. In fünf getrockneten Feigen steckt ungefähr die gleiche
Menge wie in einem halben Glas Kuhmilch.

Weitere gute Kalziumquellen sind Hülsenfrüchte, vor allem schwarze
Bohnen, italienische Borlotti-Bohnen, weiße Bohnen, Kichererbsen und
Sojabohnen. Sofern Sie Sojaprodukte mögen und vertragen, sollten Sie
Sojadrinks, gekochte Sojabohnen, geröstete Sojakerne, gekeimte Sojasprossen und vor allem Tofu auf keinen Fall verschmähen. Viele Sojadrinksorten
sind inzwischen zusätzlich mit Kalzium angereichert und der Tiermilch in
diesem Punkt absolut gleichwertig.

Spinat und Mangold enthalten viel Kalzium, aber auch reichlich Oxal-
säure, die Kalzium im Darm bindet und somit die Aufnahme verringert.
Daher sind sie als Quellen nicht ganz so vorteilhaft. Kalziumlieferanten
und oxalsäurehaltige Lebensmittel sollten zudem nicht zusammen in einer
Mahlzeit verzehrt werden.

Auch kalziumreiche Mineralwässer (die mindestens 200 Milligramm
Kalzium pro Liter enthalten) erweisen sich als gute Quellen.

Um sicher zu gehen, dass bei Ihnen kein Kalziummangel vorliegt, sollten
Sie mit Ihrem Arzt Rücksprache halten und gegebenenfalls eine Blutunter-
suchung vornehmen lassen.

Versorgung mit Vitamin B$_{12}$
Ein anderer gesundheitlicher »Knackpunkt« in der tiermilchfreien und
vegetarischen Ernährung kann die ausreichende Versorgung mit Vitamin
B$_{12}$ werden.

Vitamin B$_{12}$ wird vom menschlichen Körper zwar nur in geringer Menge
benötigt, ist aber für die Produktion von roten Blutkörperchen, die Zell-
teilung und die reibungslose Funktion des Nervensystems von zentraler
Bedeutung. Ein langfristiger Mangel kann zu Blutarmut, vor allem aber zu
schweren, mitunter irreparablen neurologischen Schädigungen führen.

Der Mensch ist auf die Zufuhr von Vitamin B$_{12}$ durch die Nahrung ange-
wiesen, wobei ausschließlich tierische Produkte wie Fleisch, Eier, Milch und

Milchprodukte als zuverlässige Lieferanten von verwertbarem, aktivem Vitamin B_{12} dienen.

Sofern Sie also vegetarisch leben und nicht nur auf den Verzehr von Milch und Milchprodukten, sondern auch von Eiern verzichten, sollten Sie vom Arzt regelmäßig Ihren Vitamin-B_{12}-Spiegel überprüfen lassen und bei Bedarf mit Vitamin B_{12} angereicherte Nahrungsmittel wählen oder auf ein Nahrungsergänzungsmittel zurückgreifen.

Von einigen pflanzlichen Nahrungsmitteln, die gerade in der vegetarisch-vollwertigen und makrobiotischen Ernährung eine große Rolle spielen, wurde lange Zeit vermutet, dass auch sie den Körper adäquat mit Vitamin B_{12} versorgen könnten. Inzwischen hat sich aber herausgestellt, dass Algen, Tempeh, Shoyu und Miso sowie Sauerkraut lediglich inaktive Formen von Vitamin B_{12} enthalten und daher wirkungslos sind.

Milch ohne Muh – pflanzliche Ersatzprodukte

Für die Ernährung ohne Tiermilchprodukte gibt es eine ganze Reihe rein pflanzlicher Ersatzprodukte. Viele von ihnen sind inzwischen nicht mehr nur in Reformhäusern oder Naturkostläden zu beziehen, sondern finden sich auch in den Regalen der meisten Supermärkte. Noch nie war es so einfach, auf Tiermilchprodukte zu verzichten, wie heute! Möchte man ebenfalls auf gentechnisch veränderte Zutaten verzichten, sollte man aber darauf achten, dass alle Bestandteile der Ersatzprodukte aus kontrolliert biologischem Anbau stammen.

Für Neueinsteiger ergibt sich mitunter leicht die Qual der Wahl, sodass ich Ihnen hier einen Überblick über die wichtigsten Ersatzprodukte geben möchte. Für den Fall der Fälle sollten Sie es bei einem für Sie neuen Produkt jedoch nie unterlassen, die Zutatenliste einer kritischen Prüfung zu unterziehen!

Sojadrink

In der tiermilchfreien Ernährung steht Sojamilch nach wie vor an der Spitze der Beliebtheitsliste. Sie kommt jedoch, wie alle pflanzlichen Milchersatzprodukte, nicht als »Milch«, sondern als »Drink« in den Handel. Laut einer europaweiten Regelung muss Milch ein ausschließlich aus »normaler Eutersekretion« gewonnenes Produkt sein. Dieser Begriff darf bei anderen Lebensmitteln nicht verwendet werden.

Als Entdecker der Sojamilch gelten allgemein die Chinesen. Es bleibt fraglich, ob sie sich gut einhundertfünfzig Jahre vor Christus mit bürokratischen Spitzfindigkeiten über die Namensgebung belastet haben oder ob sie sich schlicht und ergreifend über ein neuartiges, sowohl nahr- als auch schmackhaftes und zudem relativ einfach herzustellendes Getränk gefreut haben. In der Herstellung hat sich, vom heutigen Einsatz vielfältiger technischer Finessen einmal abgesehen, seitdem wenig geändert: Sojabohnen werden zuerst geschält und dann in heißem Wasser blanchiert. Dann wird frisches Wasser hinzugefügt und die Bohnen werden im Einweichwasser vermahlen. Nachdem die festen Bestandteile herausgefiltert worden sind und die Flüssigkeit für zehn Sekunden ultrahocherhitzt wurde, ist sie fertig und kann verpackt in den Handel kommen.

Sojadrink kann, wenn man den Aufwand nicht scheut, auch in der heimischen Küche von Hand zubereitet werden. Komfortabler ist die Zubereitung mit elektrischen Sojadrinkbereitern, die im gut sortierten Fachhandel, im Naturkost-Versand oder in Versandshops mit vegetarischem oder veganem Sortiment zu beziehen sind. Mit diesen Geräten lassen sich neben Sojadrinks auch andere Drinks auf Getreide- oder Nussbasis herstellen. Manche Geräte haben eine Zusatzfunktion, durch die der selbst gemachte Sojadrink zu Tofu weiterverarbeitet werden kann. Die Anschaffung dieser Geräte lohnt sich jedoch erst, wenn man tatsächlich sehr viel Sojadrink verbraucht.

Wenn man Sojadrink und Kuhmilch einer Nährstoffanalyse unterwirft, zeigt sich, dass der Sojadrink der Kuhmilch sehr nahe kommt. Zudem trumpft er durch seinen hohen Anteil an mehrfach ungesättigten Fettsäuren, Mineralstoffen und Isoflavonen auf. Dabei ist er cholesterin- und natürlich laktose- sowie milcheiweißfrei. Was ihm gegenüber der Kuhmilch fehlt, sind Kalzium und das lebenswichtige Vitamin B_{12}. Deshalb werden beide Stoffe vielen Sojadrinksorten inzwischen künstlich beigemischt.

Geschmacklich trennen sich beim Sojadrink wie auch bei anderen Pflanzenmilchsorten die Geister: Kritiker bemängeln, dass der Sojadrink ein wenig »bohnig« oder nach Getreide schmeckt. Wer in dieser Hinsicht sehr empfindlich ist, sollte verschiedene Sorten ausprobieren oder den Einstieg mit Vanillesojadrink wagen.

Sojadrink kann Kuhmilch in allen Anwendungsbereichen ersetzen, er kann pur oder gemischt als kaltes oder warmes Getränk genossen oder zum Kochen und Backen verwendet werden. Sogar Liebhaber von Cappuccino oder Latte macchiato müssen trotz Laktose-Intoleranz oder Milcheiweißallergie nicht länger auf den milchigen Geschmack verzichten, weil sich der Sojadrink problemlos aufschäumen lässt. Nur sehr heißen Kaffee oder Tee nimmt er manchmal übel und flockt aus. Diesen – rein optischen – Mangel kann man umgehen, indem man zuerst den Sojadrink und dann erst den Kaffee oder Tee in die Tasse gießt.

Reisdrink

Wer Abwechslung liebt oder auf Sojaprodukte allergisch oder mit Magen-Darm-Beschwerden reagiert, kann auf Getreidedrinks, beispielsweise Reisdrinks, ausweichen.

Bei der Herstellung des Reisdrinks werden Reiskörner fein gemahlen, gekocht und fermentiert. Im Anschluss werden die ungelösten Ballaststoffe abgefiltert und Sonnenblumenöl, Meersalz und als Emulgator Lezithin hinzugefügt. Durch die natürliche Stärke ist der Reisdrink leicht süß und sehr bekömmlich.

Im Soja-Reis-Drink werden Soja- und Reisdrink vermischt. Er ist daher etwas süßer und milder als der reine Sojadrink und kann vor allem bei der Herstellung von Süßspeisen zum Einsatz kommen.

Haferdrink

Kein anderes Getreide ist so nährstoffreich und ernährungsphysiologisch wertvoll wie Hafer. Seit gut zehn Jahren kommt er nicht nur als Korn in Backwaren oder als Flocke in Müslimischungen, sondern auch in flüssiger Form als Haferdrink auf den Markt. Das milchweiße Powergetränk wird aus geschrotetem Hafer unter der Zugabe von Wasser, Rapsöl und Meersalz hergestellt und weist eine feine, milde Eigensüße auf. Neben hochwertigem Eiweiß, mehrfach ungesättigten Fettsäuren und wichtigen Mineralstoffen wie Kalzium enthält Hafer lösliche Ballaststoffe, die sich positiv auf den Cholesterinspiegel auswirken können.

Auch wenn der Haferdrink ebenso wie Soja- oder Reisdrinks in der warmen und kalten Küche vielseitig einsetzbar ist, vermag er seine Herkunft nicht ganz zu leugnen: Ein leichter Geschmack nach Hafer bleibt bestehen. Dadurch eignet er sich allerdings besonders als flüssige Zugabe zu Haferflocken oder Müsli und gerade Haferkekse bekommen durch ihn ein wunderbar kerniges Aroma.

Andere Getreidearten wie Dinkel, Roggen, Gerste, Hirse und Einkorn eignen sich ebenso zur Herstellung von Getreidedrinks. Diese Sorten sind vor allem im gut sortieren Naturkost-Fachhandel zu finden.

Mandelmilch

Schon Kleopatra schätzte den Geschmack und die gesundheitlichen Vorzüge der Mandelmilch. Im Mittelalter diente sie an Fasten- oder Fischtagen als Ersatz für Kuh-, Schafs- oder Ziegenmilch und erlebt heute als solche wieder eine Renaissance. Ihre Herstellung ist denkbar einfach: Frisch gemahlene Mandeln werden mit heißem Wasser übergossen. Dieser Sud kann mehrere Stunden ruhen, bevor er durch Feinfilter abgeseiht wird. Die abgefilterte Mandelmilch kann nach Geschmack gesüßt und mit Gewürzen verfeinert werden. Besonders in Italien und Spanien ist Mandelmilch sehr beliebt und wird für Süßspeisen, Halbgefrorenes und Getränkezubereitungen verwendet.

Kokosmilch

Kokosmilch wird aus dem weichen, geraspelten Fleisch junger Kokosnüsse gewonnen. Es wird mit Wasser püriert und anschließend ausgepresst. Zu Hause kann man es leicht aus in Wasser eingeweichten Kokosflocken herstellen.

Ungesüßte Kokosmilch ist dünnflüssig und kommt in vielen thailändischen, indischen oder karibischen Gerichten zum Einsatz. Aufgrund ihrer cremigen Konsistenz und dem süßlichen Geschmack kann Kokosmilch aber auch als Milch- oder Sahneersatz in Süßspeisen und Desserts und als Kaffeeweißer verwendet werden.

Soja- und Hafersahne

Soja- und Hafersahne lassen sich wie Crème fraîche oder Sahne als Verfeinerung von Suppen, Saucen, Dips, Aufläufen und Süßspeisen verwenden und erweisen sich mit nur elf bis dreizehn Prozent Fettgehalt zudem als schlanke Alternative zu Kuhmilchsahne. Einige Sojasahnesorten lassen sich außerdem problemlos aufschlagen. Um gutes Gelingen zu garantieren, sollten sie vorher jedoch immer gut durchgekühlt werden.

In den Handel kommen Soja- und Hafersahne unter verschiedenen Bezeichnungen wie beispielsweise *Soja Creme,* denn »Sahne« darf sich offiziell nur ein Tiermilchprodukt nennen.

Auch wenn für Laktoseintolerante oder Milcheiweißallergiker Sahneschlecken jetzt ohne negative Folgen möglich ist, bleibt zu bedenken, dass weder Soja- noch Hafersahne (im Gegensatz zu Kuhmilchsahne) natürliche, vollwertige Produkte sind. Um die erforderliche Konsistenz und den gewünschten Geschmack zu erreichen, werden ihnen neben Soja- beziehungsweise

Haferdrink verschiedene Fette, Süßungsmittel, Aromen und Verdickungs-
mittel zugemischt. Wer sich vollwertig ernähren möchte, sollte folglich nicht
täglich im Sahnerausch schwelgen. Gegen den gelegentlichen Klecks in der
Suppe oder auf dem Sonntagskuchen ist allerdings nichts einzuwenden.
Vorsicht aber bei Produkten, die in letzter Zeit verstärkt in den Kühlre-
galen der Supermärkte zu finden sind und als leichte Alternative zu Sahne
und Crème fraîche beworben werden. Die Produkte bestehen aus einer
Mischung von pflanzlichen Fetten und Milchprodukten (Magermilch, But-
termilchpulver, Milchzucker) und sind daher für Milchallergiker und bei
Laktose-Intoleranz keine Alternative!

Sojajoghurt

Sojajoghurt wird aus Sojadrink hergestellt, dem Joghurtferment oder ein
Teil fertiger Sojajoghurt zugesetzt wird.
Wer einen Joghurtbereiter besitzt, kann Sojajoghurt leicht zu Hause herstellen. Da der selbst gemachte Joghurt jedoch nicht bei jeder Sorte Sojadrink richtig stichfest wird, empfiehlt es sich, verschiedene Sorten auszuprobieren.

Tofu

Der Sojaquark asiatischer Herkunft war lange Zeit als fade Gesundheits-
kost verschrien und bei allen außer denen, die sich als hartgesottenste
Vegetarier outeten, entsprechend verachtet. Dabei ist diese kaiserliche
Köstlichkeit aus China oder Japan (und inzwischen auch *made in Germany)* alles andere als langweilig. Kaum ein anderes Lebensmittel besticht
durch seine Vielfältigkeit in Geschmack und Verwendung. Tofu ist ein
wahres Allround-Talent: Man kann ihn roh essen, kochen, braten, frittie-
ren und räuchern. Er schmeckt püriert oder in Scheiben geschnitten. Er
macht sich im Backofen genauso gut wie auf dem Grill. Und wer zu den
Glücklichen zählt, die eine Eismaschine ihr Eigen nennen, kann cremi-
ges Tofu-Eis damit herstellen. Dabei ist Tofu eigentlich nichts anderes als
gestockter Sojadrink, der ähnlich wie Weichkäse verarbeitet wird. Anders
als Kuhmilchkäse reift Tofu jedoch nicht heran, sondern wird frisch und
als Kühlprodukt verwendet.

Vegetarier schätzen die mit Rauch, Nüssen, Paprika, Kräutern oder Algen gewürzten Tofuzubereitungen. In der tiermilchfreien Küche kommt außerdem der Naturtofu zu mannigfachem Einsatz. Püriert und mit Zitronensaft sowie Honig oder Zucker angemacht, kann er als Quarkersatz dienen. Mit gemahlenen Cashewnüssen angereichert, erinnert er an Sauerrahm. Mit Kräutern und Sojadrink verrührt, eignet er sich als Dip oder Dressing, mit Knoblauch und Olivenöl angereichert, entsteht schnell ein Tofu-Aïoli. Auf der Pizza oder auf Aufläufen kann er den Käse ersetzen.

Seidentofu, der in seiner Konsistenz ein wenig an stichfesten Joghurt erinnert und ähnlich verwendet werden kann, bereichert Süßspeisen und tiermilchfreie »Milchshakes«. Weitere Anwendungsmöglichkeiten sind im Rezeptteil (ab Seite 62) zu finden, sodass auch Tofu-Neulinge schnell Zugang zu diesem schmackhaften wie gesunden Verwandlungskünstler finden werden.

Butterersatz

In unserem Kulturkreis ist ein belegtes Brot ohne die Verwendung eines unterliegenden »Schmierstoffes« beinahe undenkbar. »Gute Butter« gehört aufs Brot. Wenn die Butter dann gar nicht so gut tut, sind Alternativen gefragt. Die offensichtlichste unter ihnen ist, auf Margarine auszuweichen. Sie bietet den notwendigen »Schmierstoff«, der durch seinen Fettgehalt die Geschmacksnerven anregt und das Brot weniger trocken erscheinen lässt. Damit mit dieser Alternative auch wirklich alles wieder »in Butter ist«, sollten Sie eine hochwertige, rein pflanzliche Margarine wählen, die sowohl frei von gehärteten sowie umgeesterten Fetten als auch von Milchbestandteilen ist. Ein Blick auf die Zutatenliste ist auf jeden Fall angesagt.

In diesem Zusammenhang stellt sich die Frage, ob es überhaupt immer Butter oder Margarine sein muss, die vor dem Belag aufs Brot kommt. In den Mittelmeerländern träufelt man zum Beispiel Olivenöl aufs Brot, in Mexiko verwendet man gern »Avobutter«, das heißt mit Zitronensaft püriertes Avocadofruchtfleisch. Als weitere schmackhafte Alternativen bieten sich an:

- pürierter und herzhaft oder süß angemachter Tofu,
- ein Teelöffel verstrichenes Tahin,
- etwas Mandel- oder Nussmus,
- ein Teelöffel Senf oder Tomatenmark,

- etwas mildes Miso,
- mit etwas Wasser und Zitronensaft pürierte Getreidekörner oder Sonnenblumenkerne,
- hausgemachte Mayonnaise,
- hausgemachte Streichcremes.

Erlaubt ist, was Ihnen schmeckt. Vielleicht werden Sie ja auch wie ich ein »Marmeladenbrot-Purist« und kommen mit dem aus, was ein Marmeladenbrot letztendlich ausmacht: nämlich Marmelade und Brot.

Käse-Ersatzprodukte

Inzwischen gibt es auch zu Käse aus Tiermilchprodukten rein pflanzliche Alternativen. Verschiedene Hersteller bieten unterschiedliche Käsesorten, vom Frischkäse, Streichkäse, Schnittkäse über auch zum Überbacken geeignete Käsescheiben bis zu Mozzarella und Parmesan auf Sojabasis an. Für alle, die eine quälende Heißhungerattacke auf Käse am Anfang der Ernährungsumstellung auf die tiermilchfreie Kost damit stillen möchten, können sie eine machbare Alternative sein. Ob es auch eine gute ist, darf und soll jeder für sich selbst entscheiden. Denn allzu oft werden die hohen und käsehungrigen Erwartungen enttäuscht. Obwohl die Hersteller sich nach Kräften bemühen, Produkte herzustellen, die in Aussehen, Konsistenz und vor allem Geschmack dem Tiermilchkäse so nah wie möglich kommen, muss man doch Abstriche machen. Richtiger Tiermilchkäse ist etwas anderes als die mit diversen Verdickungsmitteln, Geschmacksverstärkern, Pflanzenfetten und -ölen sowie Sojaprodukten hergestellten pflanzlichen Alternativen. Aufgrund der langen Liste an Zusatzstoffen und dem hohen Verarbeitungsgrad sind sie zudem alles andere als vollwertig. Bedenkt man dann noch den deutlich höheren Preis und die Tatsache, dass die meisten Sojakäsesorten nur im Versandhandel zu beziehen sind, stellt sich die Frage, ob dies wirklich eine sinnvolle Alternative ist.

Mit ein bisschen Fantasie und Erfindergeist kann man zum Beispiel auch mit Naturtofu und Hülsenfrüchten ganz passable Dips, Cremes und Würzmittel herstellen, die in Pizza- und Nudelgerichten, in Salaten oder Suppen oder auch als Brotaufstrich den Käse ersetzen können. Vielfältige Beispiele dafür finden Sie im Rezeptteil ab Seite 62.

Laktosefreie Milchprodukte

Seit einiger Zeit gibt es von verschiedenen Herstellern Milch und Milchprodukte wie zum Beispiel Butter, Sahne, Quark, Joghurt und Käse aus (fast) laktosefreien Milchzubereitungen. Diese Produkte bestehen aus herkömmlicher Milch, der das Enzym Laktase zugesetzt wird. Das Enzym sorgt dafür, dass die Laktose in Glukose und Galaktose aufgespalten wird. Da diese beiden Bausteine eine höhere Süßkraft als Laktose aufweisen, schmeckt die laktosefreie Milch etwas süßlicher als normale Kuhmilch.

Auch wenn laktosefreie Milchprodukte eine gute Alternative für viele Laktoseintolerante sein können, bleibt zu bedenken, dass in all diesen Produkten ein Restgehalt von Laktose (unter 0,1 g / 100 g) enthalten ist. Für sehr empfindlich auf Laktose Reagierende sind diese Produkte also nicht geeignet. Manche Betroffene berichten außerdem, dass sie die Produkte trotz des geringen Laktosegehaltes nicht vertragen. Testen Sie am besten selbst aus, ob die Produkte für Sie bekömmlich sind.

Milcheiweißallergiker müssen diese Produkte auf jeden Fall meiden!

Gut geplant ist halb gekocht

Flinke Vitalküche gegen Fast-Food-Einerlei

Noch nie war es so einfach wie heute, sich schnell und mühelos zu ernähren. Dank Mikrowelle, Fix-und-fertig-Gerichten aus Tüte, Aluschale, Plastikbecher oder Pappschachtel ist das Essen, vom Frühstück bis zum Abendessen, vom schnellen Snack bis zum Komplettmenü, minutenschnell und immer *just in time* zubereitet. Das Kochen funktioniert inzwischen schneller als das Tischdecken, weshalb viele der heutigen Zeitnot-Köche ihre Mahlzeiten gleich im Stehen einnehmen – oder im Auto, auf der Straße, im Job zwischen zwei Terminen. Nur notorische Konsumnörgler und grantelnde Gesundheitsapostel scheinen gegen diese paradiesischen Zustände etwas einzuwenden zu haben.

Aber wie schon die Bibel zeigt, ist selbst das Paradies nicht ohne seine Schattenseiten. Im heutigen Fast-Food-Paradies hat sich die Schlange der zunehmenden Befindlichkeitsstörungen eingeschlichen. Denn das, was so schnell und mühelos auf dem Teller landet, macht häufig fett statt fit, müde statt aktiv, übellaunig statt lustig und letztendlich krank statt gesund. Ein hoher Preis für die schnellen Sattmacher.

Dabei muss »schnell« nicht immer gleichbedeutend mit »ungesund« sein. Oder, wenn man den Umkehrschluss macht: Gesundes Essen muss nicht zwangsläufig in mühevolle und langwierige Küchenkleinstarbeit ausarten. Mit ausgewählten Zutaten, flinken Küchenhelfern, einer intelligenten Vorratshaltung und praxiserprobten Tipps und Tricks lässt sich in null Komma nichts eine ausgewogene Mahlzeit zubereiten. Tischleindeckdich in maximal dreißig Minuten ist somit eher eine Frage des cleveren Know-how und weniger der Zauberei. Auch oder gerade, wenn man auf Tiermilchprodukte verzichten und der Zubereitung der Mahlzeiten besondere Achtsamkeit entgegenbringen muss. Dass dabei weder Geschmack noch Genuss auf der Strecke bleiben müssen, versteht sich von selbst. Und schon bald wird man feststellen: Noch nie war es auch für Laktoseintolerante und Milcheiweißallergiker so einfach wie heute, sich so schnell, so genussvoll und so bewusst zu ernähren!

Geschmack beginnt im Einkaufswagen

Über Geschmack lässt sich bekanntlich nicht streiten. Unumstritten ist jedoch, dass ein Nahrungsmittel umso mehr wertvolle Inhaltsstoffe aufweist, je frischer es geerntet und verarbeitet wird. Aus diesem Grund sollten in der flinken Vitalküche Frische und Qualität an erster Stelle stehen. Die folgenden Tipps helfen, dies zu realisieren:

- So viel saisonale Produkte aus heimischen Landen und so wenig exotische Importe wie möglich.
- So natürlich und so wenig verarbeitet wie möglich.
- So viel Bioprodukte und so wenig Billigprodukte wie möglich.
- So viel Frischware (tiefgekühltes Obst, Gemüse und Kräuter eingeschlossen) und so wenig Konserven wie möglich.
- So viel hochwertige Pflanzenöle und so wenig stark verarbeitete Streichfette (einfache Margarine) wie möglich.
- So viel Produkte mit natürlichem Fettgehalt und so wenig Low-Fat- oder Light-Produkte wie möglich.

Von lahmen Eseln und flinken Küchenhelfern

»Wenn du sicher und schnell dein Ziel erreichen willst, setze dich nicht auf einen lahmen Esel«, so lautet ein altes armenisches Sprichwort. Wer schnell, vollwertig, schmackhaft und mit dem Handikap einer Laktose-Intoleranz oder Milcheiweißallergie kochen will oder muss, kann in der Tat keine lahmen Esel gebrauchen. Diese kommen in den meisten Küchen in Form von unpraktischen, veralteten, kompliziert zu handhabenden oder nur das Auge ansprechenden Geräten daher. Oft steht eine ganze Eselsherde in der Küche herum und verhindert, dass man effizient und zielgerichtet arbeitet. In diesem Fall hilft nur eines: mehrmals tief durchatmen und sich von dem trennen, was einem im Wege steht.

Hat man den ersten Schock, den ersten Trennungsschmerz überwunden, sollte man das Küchenfenster weit öffnen, um den letzten Eselsgeruch zu vertreiben und dem Gehirn Sauerstoff für neue Entscheidungen zu gönnen. Denn nun geht es ans Eingemachte. Es bleibt zu entscheiden, was in dem neu zu gestaltenden Arbeitsraum Küche notwendig ist und was nicht. Gefragt ist eine klug zusammengestellte Küchenausrüstung, die sicherstellt, dass man mit minimalem Kraft- und Zeitaufwand ein Maximum an lecke-ren Gerichten kochen kann.

Natürlich hat jeder Koch und jede Köchin ganz persönliche Vorstellun-gen, was auf der Liste der Basisausrüstung zu stehen hat oder auch nicht. Sie ist selbstverständlich beliebig erweiterbar. Damit jedoch nicht wieder der eine oder andere kleine lahme Esel eingeschleust wurde, schlage ich fol-gende Basiszutaten für eine optimale Küchenausrüstung vor:

- **Ein Set hochwertiger Messer**
  Wenn man schnell und problemlos frisches Obst, Gemüse und Kräuter verarbeiten will, empfiehlt sich unbedingt die Anschaffung eines Sets an hochwertigen Messern. Diese sollten gut und sicher in der Hand liegen und Klingen aufweisen, die scharf sind und vor allem scharf bleiben.
  Zur Grundausstattung gehören ein Brotmesser, ein Küchen- oder Gemüsemesser, ein Kochmesser und ein Tomatenmesser, dessen Zah-nung problemlos sowohl durch weiche Tomaten als auch halbgefrore-nen Tofu gleitet.
  Ein Wetzstahl sorgt dafür, dass die Messer lange scharf bleiben. Messer mit Wellenschliff müssen nicht nachgeschliffen werden.
- **Ein Pürierstab**
  Der Pürierstab oder Stabmixer ist ein unentbehrlicher Helfer. Er püriert, mixt, zerkleinert oder schlägt in Sekundenschnelle Gemüse, Obst, Gefro-renes und Flüssigkeiten. Inzwischen werden Geräte in allen Preisklassen angeboten. Es empfiehlt sich jedoch, ein leistungsstarkes Gerät mit ver-schiedenen Aufsätzen und mindestens zwei Leistungsstufen zu kaufen.
- **Eine Universal-Küchenmaschine**
  Weil der Pürierstab bei der Verarbeitung von größeren Mengen oder auch bei sehr harten Nüssen, Kernen oder Getreidesamen an seine Grenzen stößt, empfiehlt sich die zusätzliche Anschaffung einer Univer-sal-Küchenmaschine. Auch hier ist die Preisspanne gewaltig, sodass man vor dem Kauf überlegen sollte, was tatsächlich gebraucht wird. Reicht die Basisausstattung, also Teigkneter, Schlagmesser, Schneid-, Raspel- und Reibeinsatz? Oder werden weitere Zubehörteile wie Getreidemühle, Kaffeemühle, Fleischwolf, Saftpresse, Julienneraspel benötigt? Wenn Sie unsicher sind, überlegen Sie, welche Funktionen Sie mindestens zwei bis drei Mal pro Woche benutzen würden und welche nicht. Da die meisten Küchenmaschinen etwas sperrig sind und das tägliche Hin- und Her-

räumen auf die Dauer lästig wird, weisen Sie Ihrer Küchenmaschine einen festen Standplatz mit Elektroanschluss in der Küche zu. Achten Sie außerdem darauf, dass die Einzelteile gut zu reinigen sind und der Großteil von ihnen spülmaschinenfest ist.

- **Eine Handreibe und ein Handhobel**
  Kleinere Mengen von Obst oder Gemüse wie zum Beispiel ein Apfel oder eine Karotte lassen sich schneller von Hand reiben oder hobeln. Praktisch sind standfeste Rohkostreiben aus Edelstahl, die mehrere Reiben und einen Hobel in sich vereinen. Damit kann direkt in die Schüssel gerieben beziehungsweise gehobelt werden.

- **Eine Knoblauchpresse**
  Die Knoblauchpresse sollte dicht schließen, einen herausnehmbaren Einsatz für die einfache Reinigung haben und auch für ungeschälte Knoblauchzehen geeignet sein. Damit spart man nicht nur Zeit beim Schälen, sondern auch beim Reinigen.

- **Ein elektrischer Wasserkocher**
  Der elektrische Wasserkocher ist nicht nur die praktischste, sondern vor allem in puncto Zeit- und Geldaufwand sparsamste Möglichkeit, Wasser zu erhitzen. Besonders bedienerfreundlich sind solche Geräte, deren Deckel sich zum Befüllen, Reinigen und Entkalken ganz öffnen lassen. Unter der Vielzahl der Angebote sollte man ein Gerät wählen, das stand- und rutschfest ist und dessen Behälter sich abnehmen lässt und bei der unachtsamen Berührung keine Verbrühungen verursacht.

- **Eine Küchenwaage und ein Messbecher**
  Ob die Zucchini etwas kürzer oder länger, die Tomaten größer oder kleiner ausfallen, ist in der Regel nicht ausschlaggebend dafür, ob zum Beispiel ein Pastagericht oder eine Suppe gelingt. Anders sieht es jedoch bei den hier im Buch vorgestellten Dressings und herzhaften Cremes aus, die ein genau definiertes Verhältnis von zum Beispiel Tofu und Nüssen oder Hülsenfrüchten, Öl und pflanzlicher Ersatzmilch verlangen. Deshalb sind eine verlässliche Küchenwaage und ein Messbecher mit gut lesbarer Skala in der flinken, milchfreien Küche ein absolutes Muss.

- **Ein hochwertiges Topfset**
  Haben Sie sich auch schon darüber geärgert, dass manche Gerichte Ihnen partout nicht gelingen wollen? Vielleicht liegt dies nicht an Ihren mangelnden Kochkünsten, sondern am schlechten Kochgerät.

Gute Töpfe und Pfannen gehören zwar zu den teuersten Anschaffungen, sie werden es Ihnen aber durch leichte Handhabung und lange Lebensdauer danken. Wenn Sie in Bezug auf Ihr altes Kochgeschirr komplett Tabula rasa machen wollen, empfiehlt sich die Anschaffung eines Topfsets. Sets sind in der Regel günstiger als Einzeltöpfe und eventuell benötigte Spezialtöpfe können später angeschafft werden.

Für die flinke, vegetarische Küche empfiehlt sich zum Beispiel ein Set aus einem Schmortopf mit Deckel (5 Liter Inhalt), einem mittelgroßen Kochtopf mit Deckel (3 Liter Inhalt), einem kleinen Kochtopf mit Deckel (1 Liter Inhalt) sowie einer großen Pfanne von etwa 28 Zentimeter Durchmesser und einer kleinen Pfanne von etwa 24 Zentimeter Durchmesser. Abzuwägen ist, ob die kleinere Pfanne als Sautépfanne angeschafft wird, weil dieser Typ mit einem Deckel versehen ist.

Für den täglichen Gebrauch empfiehlt sich schweres Kochgeschirr aus rostfreiem Edelstahl, das für alle Herdtypen geeignet ist. Praktisch ist Kochgeschirr, das auf der Innenseite eine Maßeinteilung aufweist. Auf jeden Fall sollten auch Griffe und Deckel backofenfest sein, sodass man sich beim Überbacken oder Warmhalten im Backofen das Umfüllen in eine separate Auflaufform ersparen kann.

- **Ein Schnellkochtopf**
In der Familienküche ist der Schnellkochtopf ein unentbehrlicher Helfer. Im Vergleich zu anderen Koch- und Garmethoden lassen sich bis zu fünfzig Prozent an Energie und bis zu siebzig Prozent an Zeit sparen. Durch die verkürzten Kochzeiten bleiben im Gemüse wertvolle Inhaltsstoffe und Geschmacksträger erhalten. Zur Höchstform läuft der Schnellkochtopf bei der Zubereitung von Hülsenfrüchten auf, sodass es sich lohnt, mehrere Portionen auf einmal zu kochen und einen Teil einzufrieren.
Weiterführende Hinweise zum Kochen und Einfrieren von Hülsenfrüchten finden Sie auf den Seiten 49 und 53.

- **Ein Gefriergerät**
Sofern es bei Ihnen noch nicht vorhanden ist, investieren Sie in ein Gefriergerät. Oder überlegen Sie, ob Ihr alter »Energiefresser« wirklich noch auf dem Stand der Technik ist und nicht durch ein effizienteres und sparsameres Gerät ausgetauscht werden sollte.
Moderne Gefriergeräte erleichtern das Kochen, Planen und die Vor-

ratshaltung enorm: Zum einen können sowohl separate Lebensmittel als auch komplette Mahlzeiten gekocht und dann eingefroren und bei Bedarf wieder aufgetaut und weiterverarbeitet werden. Und für den Notfall kann man das eine oder andere Brötchen beziehungsweise den Kuchenvorrat aus dem Kälteschlaf aufwecken.

- **Vorratsbehälter aus Kunststoff und Glas**
Eingefrorenes behält seine Farbe und Frische, wenn es richtig verpackt wurde. Neben speziellen Gefrierbeuteln bieten sich für die clevere Vorratshaltung vor allem Gefrierdosen aus Kunststoff an. Diese bestehen aus kältebeständigem Kunststoff, der bei Minustemperaturen weder spröde wird noch bricht oder seine Form verliert. Neben Kälte sollte er jedoch auch Hitze vertragen, sodass man die Dosen problemlos in der Spülmaschine reinigen kann. Für den täglichen Gebrauch empfiehlt es sich, ein ganzes Sortiment an Dosen anzuschaffen, sodass man für jede Größe von Gefriergut gewappnet ist.
Nährmittel und Trockenvorräte wie Mehl, Reis, Hülsenfrüchte sollten in Vorratsbehältern aus Glas aufbewahrt werden. Gut schließende Schraubverschlüsse garantieren, dass Schädlinge draußen bleiben.

- **Ein Milchaufschäumer**
Mit einem kleinen batteriebetriebenen Milchaufschäumer lässt sich sowohl kalter als auch warmer Sojadrink schnell aufschäumen. Aber auch Salatsaucen auf Essig-Öl-Basis oder mit Soja- oder Hafersahne werden durch seinen Einsatz schön luftig und cremig. Die Umwelt und langfristig auch Ihr Portemonnaie werden geschont, wenn Sie den Milchaufschäumer mit wiederaufladbaren Batterien betreiben oder noch besser ein solarbetriebenes Gerät verwenden. Handbetriebene Milchaufschäumer sind für die Saucenzubereitung nicht geeignet.

Das clevere Hamsterprinzip

Hamster sind nicht nur possierliche, sondern auch äußerst clevere Tierchen. Sie stopfen alles Essbare, das sie finden, in die Backentaschen und transportieren es in ihre Vorratskammer. So haben sie auch in schlechten Zeiten immer das eine oder andere Korn auf dem Hamstertisch.
Wir leben in einer Zeit, in der wir als Verbraucher aus einem vielfältigen Angebot von qualitativ hochwertigen Nahrungsmitteln wählen können.

Die Regale und Tiefkühltruhen der Supermärkte sind zu jeder Jahreszeit prall gefüllt, sodass wir unter normalen Umständen keinen Mangel erleiden müssen. Lohnt sich da noch das Hamsterprinzip? Diese Frage lässt sich mit Nachdruck bejahen, denn selten war eine clevere Vorratshaltung so wertvoll wie heute. Zwar leiden die wenigsten von uns an einem akuten Versorgungsmangel. Es ist die Zeit beziehungsweise der akute Mangel an ihr, der uns im Alltag das (Koch-)Leben schwer macht. Immer weniger leisten sich heutzutage, da Beruf, Familie und vielleicht noch die Pflege älterer Angehöriger unter einen Hut zu bringen sind, den Luxus, täglich ein von A bis Z selbst gekochtes Menü auf den Familienmittagstisch zu bringen.

Will man nicht in höchster Zeitnot auf Tütensuppen oder anderes sogenanntes »Convenience Food« zurückgreifen, muss man vorausschauend planen, kaufen und einlagern. Vorsorge statt Zeitsorge heißt die Devise. Denn das clevere Hamsterprinzip bietet einige Vorteile:

- Es macht unabhängig von Ladenöffnungszeiten.
- Es spart Zeit, weil nicht täglich eingekauft werden muss.
- Es spart Geld, weil man Sonderangebote nutzen kann.
- Es hilft, wenn unerwarteter Besuch vor der Tür steht.
- Es sorgt für Abwechslung auf dem Teller.

Wie lange sind die Lebensmittel haltbar?
Die Angabe des Mindesthaltbarkeitsdatums von Lebensmitteln wird durch die Lebensmittel-Kennzeichnungsverordnung vorgeschrieben. Das auf den Verpackungen angegebene Datum zeigt, bis zu welchem Termin ein Lebensmittel bei sachgerechter Lagerung ohne wesentliche Geschmacks- und Qualitätseinbußen sowie ohne ein gesundheitliches Risiko verzehrt werden kann. Die Betonung liegt hier auf Mindesthaltbarkeit, sodass das Lebensmittel auch nach dem auf der Verpackung angegebenen Datum nach kritischer Prüfung eventuell noch gegessen oder getrunken werden kann.

Will man seine Vorratskammer allerdings langfristig gut in Schuss halten, sollte man nicht nur auf das Mindesthaltbarkeitsdatum, sondern auch um die allgemeinen Lagerungszeiten von Lebensmittelvorräten wissen. Unproblematisch sind in dieser Beziehung die **Trockenvorräte:** Ganzes, das heißt, ungemahlenes Getreide hält sich, sofern es trocken gelagert und gut durchlüftet wird, bis zu zwei Jahre. Zucker und Salz halten sich noch länger.

Trockenvorräte aus Getreide wie zum Beispiel Reis, Hafer- oder Maisflocken, Grünkern, Stärke und Teigwaren überdauern, sofern sie in fest verschließbaren Gläsern oder Dosen aufbewahrt werden, etwa ein Jahr ohne Qualitätseinbußen. Ebenso lange sind Zwieback und Knäckebrot sowie die meisten getrockneten Hülsenfrüchte haltbar.

Viele **Obst- und Gemüsekonserven** sowie **Konfitüren** sind ungeöffnet ebenfalls bis zu einem Jahr haltbar.

Originalverschlossene **Speiseöle** können, sofern sie dunkel und unter 20 °C gelagert werden, etwa sechs bis zwölf Monate ohne Schaden überstehen. Einmal angebrochen, büßen sie jedoch schnell an Vitaminen und Geschmack ein, sodass sie innerhalb von maximal acht Wochen aufgebraucht werden sollten.

Tiefkühlgeräte sind eine wertvolle Hilfe bei der Vorratshaltung – wenn man sie richtig befüllt, in den vom Hersteller angegebenen Fristen abtaut und regelmäßig gründlich durchforstet. Denn auch bei mindestens minus 18 °C tiefgefroren taugt nicht alles für die Ewigkeit. Obst sollte in acht bis zehn Monaten, Gemüse in etwa sechs Monaten, Brot und Backwaren in maximal drei Monaten aufgebraucht sein. Auch selbst zubereitete Vorräte wie gekochte Kartoffeln, Nudeln, Hülsenfrüchte und Rohteige sollten nicht länger als maximal drei Monate im Kälteschlaf verweilen.

Bei Waren, die in den **Kühlschrank** gehören, sollte man sich am Mindesthaltbarkeitsdatum orientieren.

Die meisten **Obst- und Gemüsearten,** die frisch gekauft werden, können nur wenige Tage im Obst- oder Gemüsefach gelagert werden. Am längsten, nämlich bis zu einer Woche, kann Wurzelgemüse wie Karotten, Kohlrabi oder Staudensellerie den Aufenthalt im Kühlschrank unbeschadet überstehen.

In einem kühlen Kellerraum können Karotten, Sellerie oder Rote Bete noch länger lagern.

Äpfel, Birnen sowie Zitrusfrüchte sollten kühl, aber auf keinen Fall im Kühlschrank aufbewahrt werden. Bei maximal 5 °C lassen sie sich bis zu zwölf Wochen lagern. Wenn keine kühlen Vorratsräume zur Verfügung stehen, sollten Sie nur so viel einkaufen, wie Sie in ein bis maximal zwei Wochen verbrauchen können.

Am längsten halten sich Kartoffeln, doch auch hier wird man in puncto Lagerfähigkeit Abstriche machen müssen. Seitdem Großmutters Kartoffelkeller aus der Mode gekommen ist, empfiehlt es sich, Kartoffeln nicht mehr zentnerweise, sondern nur noch in kleinen Mengen einzukaufen. Trocken und kühl gelagert, luftig in eine Korb- oder Holzkiste gebettet, bleiben sie ein paar Wochen ansehnlich und appetitlich frisch.

Wenn die Bohnen plötzlich Beine bekommen

Alle Jahre wieder zeigt sich in vielen Haushalten spätestens Ende März das gleiche Phänomen: In Tütchen und Päckchen mit gemahlenen Mandeln, Nüssen und Trockenfrüchten, im Mehl, in den Haferflocken und den getrockneten Bohnen fängt es plötzlich an zu kribbeln und zu krabbeln. Vorratsschädlinge wie die Dörrobst-, Mehl- und Speichermotten haben Einzug gehalten.

Meist hat man sie als Untermieter von gekaufter Ware unfreiwillig mit ins Haus gebracht oder sie sind durch das geöffnete Fenster hereingeflogen. Zwar übertragen die Motten selbst keine Krankheiten. Als Raupen verkoten sie jedoch die Nahrung, und die typischen Gespinstfäden in Tüte oder Päckchen sind ebenfalls wenig appetitlich.

Wenn sich die Plagegeister in Küche oder Vorratskammer eingenistet haben, sollte man allerdings nicht gleich zur »chemischen Keule« greifen, um sie wieder loszuwerden. Befallene Packungen sollten großzügig entsorgt und der Rest der Vorräte einer kritischen Inspektion unterworfen werden. Anschließend sollte man die betroffenen Schränke und Schubladen aussaugen und gründlich mit Seifenlauge reinigen. Zur weiteren Bekämpfung sind unter anderem giftfreie Pheromon-Fallen hilfreich.

Sicheren Schutz gegen Schädlinge bietet nur die sachgemäße Lagerung von Vorräten. Trockenvorräte sollten deshalb nicht in Folien- oder Pappverpackungen gelassen, sondern in luftdicht verschließbare Gläser oder Kunststoffgefäße umgefüllt werden.

Die tiermilchfreie Vorratskammer

Wollen wir das clevere Hamsterprinzip auf den Menschen übertragen, empfiehlt es sich, möglichst immer eine Reihe von Trockenvorräten, fertig gegarten Vorräten aus dem Glas sowie Vorräte aus Frisch- und Tiefkühlwaren im Haus zu haben.

Mit der folgenden Liste möchte ich Ihnen Vorschläge an die Hand geben, wie Sie Ihre vegetarische und tiermilchfreie Vorratskammer bestücken könnten. Selbstverständlich ist diese Liste weder als komplett noch als ausschließlich zu verstehen. Es steht Ihnen frei, sie nach Ihren persönlichen Vorlieben und Bedürfnissen zu erweitern oder anzupassen. Denn was nützt es Ihnen, wenn Sie einen ganzen Sack Bulgur in der Vorratskammer stehen haben, den die ganze Familie (vom Hamster vielleicht einmal abgesehen) beharrlich verschmäht? Kaufen Sie stattdessen beim nächsten Sonderangebot lieber die Getreideprodukte in größeren Mengen, von denen Sie wissen, dass sie bei Ihren Lieben gut ankommen.

Für das gute Gefühl sowie die fixe Vorbereitung von Mahlzeiten sollten in Ihrer Vorratskammer nicht fehlen:

Nährmittel und Backzutaten
- verschiedene Mehlsorten (eine Auswahl aus Weizen-, Roggen-, Dinkel-, Mais-, Kichererbsen-, Buchweizenmehl)
- ganze Getreidekörner (bei Bedarf zu Hause in der Getreidemühle mahlen; besser als gemahlenes Vollkornmehl, da dieses schnell ranzig wird)
- verschiedene Getreidearten, ob heimisch oder exotisch (eine Auswahl aus Dinkel, Grünkern, Hirse, Hafer, Amaranth, Quinoa), Instantcouscous oder Bulgur
- Nudeln in verschiedenen Formen und Größen
- unterschiedliche Reissorten (eine Auswahl aus Langkorn-, Rundkorn-, Basmati-, Risottoreis und Wildreis)
- Vollkornzwieback und Knäckebrot
- Getreideflocken und Frühstückscerealien

- Semmelbrösel
- Speisestärke, Johannisbrotkernmehl oder Reismehl
- abgepacktes, lagerfähiges Brot oder Brot in Dosen
- Backpulver und Trockenhefe
- Zartbitterschokolade

Getrocknete Hülsenfrüchte
- Linsen (eine Auswahl aus zum Beispiel braunen Teller- oder Pardina-Linsen, grünen oder Champagne-Linsen, schwarzen Beluga-Linsen und roten Linsen)
- gelbe Schälerbsen
- Kichererbsen
- Bohnen (eine Auswahl aus zum Beispiel roten Kidneybohnen, kleinen weißen Bohnen, schwarzen Bohnen, italienischen Borlotti-Bohnen, Wachtelbohnen)

Süßungsmittel
- Roh-Rohrzucker
- Honig und/oder Ahornsirup, Agavendicksaft, Birnendicksaft
- Zuckerrübensirup
- schwarze (Zuckerrohr-)Melasse

Vorräte aus Glas, Dose oder Tetrapack
- verschiedene Tomatenzubereitungen (eine Auswahl von zum Beispiel Tomatenmark, geschälten Tomaten, passierten Tomaten, in Öl eingelegten Tomaten, Tomatensaft)
- gegarter Mais
- gegarte Rote Bete
- Sauerkraut
- grüne und schwarze Oliven
- eingelegte Kapern
- eingelegte Gurken
- Konfitüre oder Fruchtaufstriche

Ersatz für Tiermilchprodukte
- Soja-, Reis- oder Haferdrinks
- Soja- oder Hafersahne
- Kokosmilch
- Tofu (natur) und Seidentofu
- hochwertige Pflanzenmargarine

Würzmittel
- Sojasauce
- Hefeflocken
- Essig (zum Beispiel Weißwein- und Rotweinessig, Sherry-Essig, Apfelessig, Aceto Balsamico)
- kaltgepresste Öle (zum Beispiel Olivenöl, Rapsöl, Sonnenblumenöl, Sojaöl, Kürbiskernöl, Sesamöl, Walnussöl; Sorten, die Sie seltener verwenden, möglichst in kleinen Flaschen kaufen)
- Gewürze wie Meersalz (grob und fein), Pfeffer (schwarz, weiß, rot oder gemischt), Muskatnuss, Kreuzkümmel, Zimt, Vanillezucker
- Senf in verschiedenen Stärken
- Miso
- Tahin (Sesammus)
- gekörnte Gemüsebrühe
- verschiedene Kräuter, frisch, getrocknet oder tiefgekühlt (zum Beispiel Petersilie, Schnittlauch, Dill, Basilikum, Majoran, Oregano, Thymian, Rosmarin, Estragon, Kerbel oder auch Kräutermischungen)

Nüsse, Samen, Kerne und Trockenobst
- geschälte und gemahlene Mandeln
- geschälte Walnüsse
- Sonnenblumenkerne
- Pinienkerne
- Rosinen oder Sultaninen
- getrocknete Cranberrys

Lagerfähiges Obst und Gemüse nach Saison
- Äpfel, Birnen
- Bananen
- Grapefruits, Clementinen, Orangen, Zitronen und Limetten
- Kartoffeln
- Karotten
- Knoblauch und Speisezwiebeln
- verschiedene Kohlsorten

Frischvorräte für Kühlschrank und Tiefkühltruhe
(zusätzlich zu den bereits erwähnten Milchersatzprodukten)
- Eier
- Blätterteig
- tiefgefrorenes Obst ohne Zusätze (zum Beispiel Erdbeeren, Heidelbeeren, Himbeeren, Kirschen)
- tiefgefrorenes Gemüse ohne Zusätze (zum Beispiel Erbsen, Karotten, grüne Bohnen, Brokkoli, Blattspinat)
- tiefgefrorene Kräuter (sortenrein oder als Kräutermischung ohne Zusätze)
- Brot, Gebäck
- selbst gekochte und selbst eingefrorene Vorräte

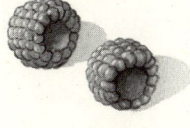

Schnelligkeit ist keine Zauberei

Völlig unvorbereitet aus den Startlöchern zu sprinten, ist in der flinken Vitalküche nicht angebracht. Um effizient und dennoch schmackhaft und gesund zu kochen, bedarf es kleiner, aber feiner Vorbereitungen. Denn erst wenn man sich an bestimmte Regeln hält, Routinen entwickelt und sich einige Kniffs und Tricks zu eigen macht, geht alles ganz schnell von der Hand, sodass letztendlich der Genuss und nicht die Arbeit im Vordergrund steht. Die folgenden alltagserprobten Tipps sollen Ihnen dabei helfen:

- **Küchenorganisation**
  - Geben Sie **Gewürzen** und häufig benötigten Kochzutaten einen festen Platz in der Küche.
  - Sorgen Sie dafür, dass die **Arbeitsfläche** freigeräumt ist.
  - Lesen Sie die **Rezepte** aufmerksam durch, bevor Sie mit dem Kochen anfangen. So wissen Sie genau, was Sie benötigen und was Sie tun sollen.
  - Stellen Sie vor dem Kochen **alle Geräte, Küchenutensilien und Zutaten** bereit. Das verhindert lästiges Suchen während der Zubereitung.
  - Reinigen Sie Kleingeräte wie Pürierstab oder elektrisches Handrührgerät, Messer oder Schneidebrettchen **direkt nach dem Gebrauch.**
  - Bereiten Sie **heißes Wasser,** das Sie zum Kochen benötigen, nicht auf dem Herd, sondern mit dem elektrischen Wasserkocher zu. Gießen Sie das kochend heiße Wasser direkt über das Kochgut und legen Sie den Topf- oder Pfannendeckel auf. Kochen mit aufgelegtem Deckel spart Zeit und Energie.
  - **Waschen** und **trocknen** Sie kleinere Mengen lagerfähiges Obst und Gemüse wie Äpfel, Birnen und Tomaten (aber nicht die Kartoffeln!) sofort nach dem Einkaufen, sodass es zum Kochen nur noch zerkleinert und verarbeitet werden muss.
- **Mahlzeitenmanagement**
  - Kochen Sie für Tage, an denen Sie wissen, dass die Zeit mehr als knapp ist, kleine Mahlzeiten wie zum Beispiel einen Eintopf oder ein Nudelgericht mit Sauce komplett vor. **Frieren Sie auf Vorrat ein** und lassen Sie dann das Gericht bei Bedarf über Nacht im Kühlschrank auftauen.

☐ Viele Gerichte lassen sich **in »Etappen« kochen.** Beispielsweise können die Zutaten für ein Gratin bereits am Abend einzeln zubereitet und ohne Sauce in die Auflaufform eingeschichtet werden. Sauce und Schmelzcreme (oder anderer Belag für eine köstliche Kruste) lagern getrennt dazu im Kühlschrank. Am nächsten Tag benötigen Sie dann nur noch die Zeit für das Hinzufügen der Sauce und des Belags und fürs Überbacken.

☐ Mahlzeiten mit **Hülsenfrüchten** oder **Getreidegerichte** sind ebenfalls gut geeignet, um sie schrittweise zuzubereiten. Bohnen, Dinkel, Grünkern, Hirse oder Reis können am Vorabend oder morgens gegart werden und nehmen es nicht übel, wenn sie eine Weile bis zur endgültigen Verwendung warten müssen – im Gegenteil. Bis zur Weiterverarbeitung quellen die Getreidekörner auf der ausgeschalteten Herdplatte aus.

☐ Bereiten Sie von **Pizzateigen** oder (salzigen) **Hefeteigen** immer die doppelte Menge vor. Hefeteig kann in einer abgedeckten, großen Schüssel zwei bis drei Tage im Kühlschrank überstehen, wenn er nicht aufgegangen ist. In der Tiefkühltruhe hält er sich bis zu drei Monate.

☐ Zeigen Sie **Fantasie** und **Kombinationsgeist.** Es muss nicht täglich ein frisch gekochtes Hauptgericht auf dem Tisch stehen. Ein Salat plus Brot oder Sandwich, der mit einem reichhaltigen Dessert kombiniert wird, macht ebenso satt und zufrieden.

☐ Zumindest in den warmen Monaten öfter einmal kalt essen. **Salate** und **Kaltschalen** sind fixer zubereitet als zum Beispiel Eintöpfe.

☐ Bereiten Sie Ihr eigenes »**finger food**« zu. Gemüsesticks oder Kartoffelspalten mit verschiedenen Dips oder Dressings sind schnell zubereitet und erfreuen Groß und Klein.

☐ Berücksichtigen Sie die **kulinarischen Vorlieben** der einzelnen Familienmitglieder. Halten Sie einen kleinen Vorrat der Zutaten für die jeweiligen Lieblingsspeisen bereit.

☐ Ein **Wochenplan** kann Ihnen den Einkauf erleichtern.

■ **Zubereitung von Kartoffeln, Hülsenfrüchten, Reis und Nudeln**

☐ Kochen Sie zum Beispiel Hülsenfrüchte, Reis, Kartoffeln oder Nudeln in der doppelten Menge. Die zweite Portion kann entweder eingefroren oder am nächsten Tag weiterverwendet werden.

- Gekochte **Hülsenfrüchte** lassen sich problemlos einfrieren. Nach dem Kochen sollten sie für diesen Zweck jedoch gut abgespült werden und danach gut abtropfen. In der Tiefkühltruhe halten sie sich etwa drei Monate, ohne Schaden zu nehmen.

- Werden **Kartoffeln** als Beilage gereicht, können Sie sich das Schälen meist sparen, gründlich waschen und abbürsten genügt. Das spart nicht nur Zeit, sondern sichert viele wertvolle Vitamine, die sich direkt unter der Schale befinden. Frühkartoffeln sind für diese Zubereitungsform besonders geeignet.

- Wählen Sie einigermaßen **gleich große Kartoffeln,** weil diese gleichzeitig durchgaren.

- Müssen Kartoffeln für zum Beispiel Eintöpfe oder Pürees zerkleinert werden, empfiehlt es sich, möglichst **große Kartoffeln** auszuwählen. Wenige große lassen sich schneller schälen. Die geschälten Kartoffeln dann sehr klein schneiden oder würfeln, dann sind sie schneller gar.

- Bei der Zubereitung von Pellkartoffeln im **Schnellkochtopf** sollte man die Kartoffeln vorher gründlich waschen, damit keine Fremdkörper das Überdruckventil verstopfen. Die Kartoffeln möglichst erst nach dem Kochen salzen.

- **Reste** von gekochtem und gut abgekühltem Reis lassen sich, in kleine Gefrierdosen verpackt, problemlos für maximal drei Monate einfrieren.

- **Eingefrorener** Reis wird wieder schön körnig, wenn man ihn in einem Sieb über Wasserdampf erhitzt. Als Einlage in Suppen oder Eintöpfen kann er direkt in der Kochflüssigkeit erhitzt werden.

- **Im Kühlschrank** sind Reste von gekochtem Reis, mit Frischhaltefolie abgedeckt, drei bis vier Tage haltbar.

- **Nudeln** lassen sich schnell kochen, aufwendigere Gerichte wie beispielsweise **Lasagne** oder **Cannelloni** können gut eingefroren werden und stehen dann schnell auf dem Tisch.

- Am besten lassen sich Nudeln einfrieren und wieder auftauen, wenn sie bissfest (al dente) gekocht, danach gut abgekühlt werden und direkt vor dem Einfrieren mit der Sauce vermischt werden. Generell können gekochte Nudeln bis zu drei Monate in der **Tiefkühltruhe** lagern.

- **Nudelreste** können mit einer Sauce erhitzt oder mit etwas Öl oder Margarine in der Pfanne aufgebraten werden.

■ **Zubereitung von Gemüse und Salat**

- Wählen Sie **Frischgemüse,** das leicht zu verarbeiten ist. Paprika, Zucchini, Tomaten, Auberginen, Fenchel, Pilze und Blattsalate müssen nicht geschält, sondern nur zerkleinert werden.

- **Frisches Gemüse** und **Blattsalate** können am Vorabend gewaschen und geputzt und in dicht verschließbaren Kunststoffdosen im Kühlschrank aufbewahrt werden. Zerkleinert sollte das Gemüse jedoch erst direkt vor der Zubereitung werden.

- Die meisten **Salatdressings** halten sich in einem dicht verschließbaren Schraubglas im Kühlschrank etwa drei bis vier Tage. Vor dem Verwenden sollten sie jedoch noch einmal gut durchgerührt werden.

- Frisches Gemüse ist gesund, hat aber den Nachteil, dass es meistens erst geschält, geputzt und zerkleinert werden muss. Halten Sie für absolute Zeitnotfälle immer einen Vorrat an **Tiefkühlgemüse** bereit.

- Stellen Sie eine **Mischung** mit Ihren Lieblingsgemüsearten zusammen und frieren Sie sie fertig gegart oder blanchiert portionenweise ein. Sie können dann für Eintöpfe, Gemüsegratins oder Pfannengerichte schnell darauf zurückgreifen.

- **Zwiebeln** können auf Vorrat gedünstet oder gebraten und dann bis zu sechs Monate in der Tiefkühltruhe aufbewahrt werden.

- Bereiten Sie für Gemüsegerichte eine fixe **Béchamelsauce** zu, indem Sie das Gemüse mit Mehl überstäuben, dieses gut vermischen und schließlich mit dem Sojadrink oder Gemüsebrühe glatt rühren. Fügen Sie dann verschiedene Würzzutaten (zum Beispiel Senf, gemahlene Muskatnuss, frische Kräuter) nach Wahl hinzu.

Haben Sie vielleicht noch einen weiteren ganz persönlichen Tipp? Ich würde mich freuen, wenn Sie ihn mit mir teilen würden!

Zu den Zutaten

Avocado

Das schmackhafte und nahrhafte Fruchtgemüse aus der Familie der Lorbeergewächse wird in über vierhundert Kultursorten vor allem in subtropischen Breiten beiderseits des Äquators sowie in Südafrika, Israel, Kalifornien und im Mittelmeerraum angebaut. In Europa und Deutschland kommt überwiegend die Sorte *Fuerte,* eine birnenförmige Avocado mit mittelgrüner, leicht zu schälender Schale und bis etwa vierhundert Gramm Gewicht, in den Handel. In den letzten Jahren werden jedoch auch Früchte der Sorte *Hass* angeboten. Diese etwas kleinere Frucht mit der warzigen Haut ist zunächst grün, wird bei Fruchtreife dann schwarz oder braun.

Beiden ist gemein, dass ihr Fruchtfleisch sehr fetthaltig (Ölgehalt bis zu fünfundzwanzig Prozent) und damit sehr cremig ist. Früher wurde die Avocado deshalb auch als »Butterfrucht« oder »Butterbirne« bezeichnet und kann vor allem in der tiermilchfreien Küche entsprechend eingesetzt werden. Gemischt mit Kräutern, Zitronensaft, Salz und Pfeffer sowie Tomaten- oder Gurkenwürfelchen lassen sich schmackhafte Brotaufstriche herstellen. Mit Honig und Kakao oder Carob, Nüssen und Mandeln verrührt, kann Avocadofleisch auch süß genossen werden. Salatdressings gibt eine verrührte Avocado mehr Gehalt.

Bei längerem Erhitzen wird das Fruchtfleisch bitter, sodass Avocados niemals gekocht, sondern höchstens erwärmt werden sollten.

(Edel-)Hefeflocken

Hefeflocken sind ein wesentlicher Bestandteil der tiermilchfreien Küche. Sie haben einen würzig nussigen Geschmack, sodass sie, einfach übergestreut, Suppen, Saucen, Salate, Gemüse oder herzhafte Gerichte verfeinern.

Für Saucen, Suppen, Eintöpfe, herzhafte Cremes, Pasten und Dressings können sie zum Andicken und Binden verwendet werden. Dazu haben sie einen leicht an Käse erinnernden Geschmack, sodass sie in der tiermilchfreien Küche bei Gerichten zum Einsatz kommen, in denen ein leichtes Käsearoma ohne den tatsächlichen Gebrauch von Käse erzeugt werden soll.

Sie bereichern die Speisen zudem mit vielen wichtigen Mineralstoffen und Vitaminen, vor allem mit denen des Vitamin-B-Komplexes.

Hülsenfrüchte

Hülsenfrüchte, also die Samen von Bohnen, Erbsen, Kichererbsen, Linsen und Sojabohnen, sind in der modernen Küche vielfältig einsetzbar und haben damit inzwischen auch ihren Weg in die gehobene Gastronomie gefunden. Zudem sind sie wahre »Nährstoffbomben«, da sie eine Fülle von wohltuenden Inhaltsstoffen in sich tragen. Hülsenfrüchte bieten nur wenig Fett, aber jede Menge Eiweiß, komplexe Kohlenhydrate und Ballaststoffe. Sie sind reich an Vitamin B sowie an Eisen, Zink, Magnesium und Folsäure.

In der tiermilchfreien Küche leisten sie unschätzbare Dienste, da sie in pürierter Form die Grundlage vieler Saucen, Dips und Dressings bilden. In herzhafte Cremes eingearbeitet, können sie, mit entsprechenden Würzzutaten vermischt, Sahne oder Käse ersetzen. Dabei sind getrocknete Hülsenfrüchte kinderleicht zuzubereiten und lange lagerfähig, sodass sie in jede gut ausgestattete Speisekammer gehören sollten.

Ein kleiner Nachteil lastet ihnen jedoch an: Frische Hülsenfrüchte können nicht roh verzehrt werden, da sie giftige Stoffe enthalten, die erst durch das Kochen unschädlich gemacht werden. Außerdem sind die Kochzeiten relativ lang. Will man sich ihren einzigartigen Geschmack und ihren gesundheitlichen Nutzen trotz dieser Einschränkungen in der flinken, vitalen Küche zu eigen machen, sollte man folgende Punkte beachten:

- Mit Ausnahme von Linsen und geschälten Erbsen sollten Hülsenfrüchte vor dem Kochen in der dreifachen Menge kalten (!) Wassers einweichen.
- Gut gequollene Hülsenfrüchte müssen mit relativ wenig Kochwasser zubereitet werden. Beim Garen sollten sie leicht mit Flüssigkeit bedeckt sein.
- Hülsenfrüchte bei geringer Hitze garen.
- Salz oder salzhaltige Würzmittel (gekörnte Gemüsebrühe, Sojasauce) sowie säurereiches Gemüse wie Tomaten immer erst zum Ende der Garzeit zugeben, da sie die Zellwände verhärten und den Garprozess verzögern.
- Durch den Einsatz eines Schnellkochtopfes kann die Garzeit erheblich verkürzt werden. Dabei sollten sie immer kalt und ohne vorheriges Ein-

weichen aufgesetzt werden. Da Hülsenfrüchte stark schäumen können, sollten sie mit offenem Topf zum Kochen gebracht und vor dem Schließen des Topfes abgeschäumt werden.

■ Beim Garen den Schnellkochtopf immer nur halb füllen!

Die folgende Tabelle gibt Aufschluss über die Länge der Garzeiten bei verschiedenen Garmethoden. Bitte beachten Sie, dass die hier aufgeführten Werte immer nur als Anhaltswerte dienen können.

	Garzeiten (in Minuten)		
	ohne Einweichen	mit Einweichen (12 Stunden)	Schnellkochtopf ohne Einweichen
Bohnen			
Kidneybohnen	90–120	45–60	45
Wachtelbohnen	90–120	45–60	30–40
Weiße Bohnen	90–120	60	40
Weiße Riesenbohnen	90–120	45–60	25–30
Schwarze Bohnen	90–120	60	40
Erbsen			
Grüne Erbsen	120	60–90	45–60
Gelbe Schälerbsen	60–90	–	15–20
Kichererbsen	120–180	30–40	30
Linsen	**kein Einweichen nötig**		
Braune Tellerlinsen	45	–	10
Pardina-Linsen	30	–	10
Grüne Linsen	25–30	–	10
Beluga-Linsen	20	–	–
Gelbe Linsen	10	–	–
Rote Linsen	10	–	–

Johannisbrotkernmehl

Johannisbrotkernmehl wird aus den gemahlenen Samen des Johannisbrotbaumes gewonnen. Es kann in der warmen Küche zum Andicken von Suppen, Saucen, Aufläufen und gekochten Süßspeisen oder Backwaren verwendet werden. Mit kalten Flüssigkeiten verrührt, bindet es Dressings, Mayonnaisen, pürierte Fruchtzubereitungen und Eiscreme. Auch zum Aufschlagen von Soja- oder Hafersahne ist es sehr gut geeignet. Sofern auf der Verpackung nichts anderes angegeben ist, reicht ein gestrichener Teelöffel (etwa 2 Gramm) für 200 Milliliter kalte Flüssigkeit oder 200 Milliliter Sauce. Bei Suppen oder Kaltschalen wird ein Teelöffel für 400 Milliliter Flüssigkeit zugegeben.

Johannisbrotkernmehl ist geschmacksneutral, äußerst kalorienarm und senkt den Blutzucker- sowie Cholesterinspiegel. Um Klümpchenbildung zu vermeiden, kann es bei der Anwendung durch ein Sieb gestrichen werden.

Ketjap Manis

Ketjap Manis ist eine mild-süße Würzsauce aus Indonesien, die aus Sojabohnenmehl, grob gemahlenem Weizen, Zucker, Gewürzen und Kräutern hergestellt wird. Sie verfeinert fernöstliche Reis-, Nudel- oder Gemüsegerichte und gibt Saucen, Dressings und Marinaden (zum Beispiel für Tofu) das gewisse exotische Extra. Das milde Aroma ist gerade bei Kindern sehr beliebt. Ketjap Manis ist in Asialäden und gut sortierten Supermärkten erhältlich. In Bio-Qualität findet man sie im Naturkost-Fachhandel.

(Meer-)Salz

Salz ist nicht gleich Salz. Ich empfehle in meinen Rezepten (grobes) naturbelassenes Meersalz, weil es meiner Meinung nach weniger salzig als Stein- oder Siedesalz ist und die Aromen der anderen verwendeten Zutaten hervorhebt. Selbstverständlich steht es Ihnen frei, anderes Salz zu verwenden.

Falls Sie im Gebrauch von naturbelassenem Meersalz noch ungeübt sind, sollten Sie vorsichtig dosieren.

»Fleur de Sel« oder »Flor de Sal« ist das hochwertigste Meersalz. Es hat einen zart schmelzenden Charakter und wird zum Würzen von rohen Speisen oder nach dem Kochen verwendet.

Miso

Miso hat in der traditionellen japanischen Kochkultur eine sehr lange Tradition. Die bräunliche Würzpaste wird nach Jahrhunderte alten Rezepten in schonenden handwerklichen Verfahren hergestellt. Dabei werden gekochte Sojabohnen mit Wasser, Meersalz und meist einer Getreideart vermischt und mit der Starterkultur Koji, einer Edelpilzart, angereichert. In Holzfässern reift die Masse, je nach Sorte, teilweise bis zu drei Jahre heran. Je dunkler und kräftiger das Miso ist, desto länger dauerte der Reifeprozess.

In Suppen, Eintöpfen und dunklen Saucen kann dunkles *Hatcho Miso* als Ersatz für Gemüsebrühe verwendet werden. Mit Ölen, Nussmusen und Essig verrührt, kann es Dressings und Dips eine pikante Note verleihen. Das helle, milde *Shiro Miso* kann Sauerrahm oder Sahne in Suppen und Saucen ersetzen und sollte daher in der tiermilchfreien Küche nicht fehlen. Leider ist es in Deutschland noch relativ schwer zu beziehen, sodass man oft auf den Versandhandel zurückgreifen muss. Die dunkleren Misosorten werden in Asialäden und in den meisten Reformhäusern und im Naturkost-Fachhandel angeboten.

Reis

Reis gibt es in vielen verschiedenen Sorten. Für die flinke, aber auch vitale Küche empfiehlt sich vor allem Naturreis (auch brauner oder Vollkornreis). Bei diesem bleibt im Gegensatz zum polierten Reis ein hoher Anteil an Vitaminen, Mineral- und Ballaststoffen erhalten. Naturreis kocht körnig und hat einen nussigen Geschmack. Neben Langkorn- und Rundkornreis sind folgende Sorten besonders interessant:

- Risottoreis oder Arborio Reis ist der typische italienische Rundkornreis. Er kocht sämig, aber mit »Biss« und wird deshalb vorzugsweise für Risotto, Paella und mediterrane Gerichte verwendet.
- Basmatireis ist eine indische Langkornreissorte mit besonders langen, schlanken Reiskörnern. Wegen des aromatischen Duftes, den er verströmt, wird er auch »der Duftende« genannt und bereichert indische Festtagsgerichte.
- Jasminreis ist ein edler Duftreis aus dem Norden Thailands. Beim Kochen entfaltet er ein zartblumiges Aroma.

- Wildreis ist botanisch gesehen kein Reis, sondern ein Sumpfgras und wird meistens mit Natur- oder Langkornreis vermischt angeboten und hat einen kräftigen, nussartigen Geschmack. Die Kochzeit ist relativ lang und kann von Sorte zu Sorte variieren. Wildreis mit nur kurzer Kochzeit ist vorbehandelt oder vorgegart. In Mischungen mit anderen Reissorten kommen meistens gebrochene Körner zum Einsatz.

Die Garzeiten von Reis unterscheiden sich von Sorte zu Sorte, am schnellsten sind Basmati- und Jasminreis gar. Vollkornreis benötigt meist fünfundzwanzig bis dreißig Minuten Garzeit, im Schnellkochtopf ist er in etwa zehn Minuten fertig.

Schnell geht es mit Parboiled Reis, er ist nach etwa fünfzehn Minuten Kochzeit gar. Die Reiskörner werden vor dem Schälen mit Dampf und Druck behandelt. Dadurch gelangt ein Teil der Vitamine und Mineralstoffe aus den Außenschichten in das Korninnere. Anschließend wird der Reis geschliffen. Dabei gehen jedoch die meisten Ballaststoffe verloren.

Weißer Reis braucht oft nur zehn Minuten, bis er fertig ist. Durch das Polieren bleiben aber Geschmack und viele Inhaltsstoffe auf der Strecke.

Schwarze (Zuckerrohr-)Melasse

Schwarze (Zuckerrohr-)Melasse wird aus ausgepresstem Zuckerrohr gewonnen und ist somit ein Abfallprodukt bei der Zuckerherstellung. Da sie im Gegensatz zu Haushaltszucker nicht raffiniert wird, bleiben die wertvollen Inhaltsstoffe in dem pechschwarzen Konzentrat enthalten. Schwarze Melasse ist reich an Mineralstoffen wie Kalzium und Eisen. Außerdem enthält sie Vitamine der B-Gruppe und Folsäure.

Sie kann zum Süßen von Müslis, Desserts und Süßspeisen sowie zum Backen verwendet werden. Bohnengerichte erhalten durch sie einen exotisch würzigen Geschmack. Schwarze Melasse schmeckt etwas bitterer als Zuckerrübensirup, kann ihn aber in vielen Rezepten und als Brotaufstrich ersetzen.

Schwarze Melasse ist im Naturkost-Fachhandel oder in Reformhäusern erhältlich.

Tahin

Tahin (oder Tahini) ist eine Paste aus bei niedriger Temperatur gerösteten und fein gemahlenen geschälten oder ungeschälten Sesamsamen. Direkt aus dem Glas aufs Brot gestrichen ist es ein würziger Brotaufstrich, der durch die Zugabe von pikanten aber auch süßen Zutaten verfeinert werden kann. Mit etwas Wasser und Zitronensaft verrührt und mit Knoblauch und anderen Gewürzen angereichert, eignet sich Tahin als Salatsauce, als Dip, als Sauce für Gemüse und für Bratlinge.

Tahin enthält viele Vitamine des Vitamin-B-Komplexes und eine gehörige Portion Kalzium, wodurch es gerade in der tiermilchfreien Küche zu empfehlen ist.

Hinweise zu den Rezepten

Soweit nicht anders angegeben, sind die Rezepte für **4 Personen** berechnet.

Verwendete Abkürzungen

EL	=	Esslöffel
TL	=	Teelöffel
MSP	=	Messerspitze
ml	=	Milliliter
l	=	Liter
g	=	Gramm
kg	=	Kilogramm

Frei von Milchbestandteilen

In den Rezepten ab Seite 62 werden teilweise Produkte wie Margarine, gekörnte Gemüsebrühe, geriebener Tafelmeerrettich, Senf, Blätterteig, verschiedene Brot- und Brötchensorten sowie Zartbitterschokolade verwendet.

Bitte beachten Sie, dass damit ausschließlich Produkte, die keinerlei Milchbestandteile enthalten, gemeint sind. Im Zweifelsfall werfen Sie beim Kauf dieser Produkte bitte einen kritischen Blick auf die Zutatenliste oder fragen Sie den Hersteller.

Menge der Gewürze

Die Angaben zu der Menge der verwendeten Gewürze und Zwiebeln sind Durchschnittswerte.

Prüfen Sie bitte im Einzelfall, was Ihnen schmeckt und bekommt und wie viel Sie davon verwenden möchten.

Ich empfehle in meinen Rezepten Meersalz. Selbstverständlich steht es Ihnen frei, anderes Salz zu verwenden. Bitte dosieren Sie in diesem Fall etwas vorsichtig und würzen Sie lieber nach.

Verwendung von Alkohol zum Kochen

In einigen Rezepten wird Wein, Sherry, Sekt oder auch Likör zum Würzen verwendet. Soweit möglich, habe ich versucht, in diesem Fall alkoholfreie Alternativen anzubieten.

Zu den Backtemperaturen

Alle Temperaturen für Backöfen gelten, sofern nicht anders angegeben, für Elektroöfen mit Umluftfunktion. Bei Gasbacköfen oder Elektroöfen ohne Umluft bitte die Angaben des Herstellers beachten und die entsprechende Temperatur aus der Bedienungsanleitung entnehmen.

Bei Angabe der Garzeiten wird, sofern im Rezept nicht ausdrücklich anders erwähnt, von einem vorgeheizten Backofen ausgegangen.

Zu den Zubereitungszeiten

Alle im Rezeptteil aufgeführten Rezepte sind unter normalen Arbeits- und Küchenbedingungen und unter dem Einsatz der erforderlichen Gerätschaften (zum Beispiel Pürierstab oder Küchenmaschine) in maximal dreißig Minuten nachzukochen.

Bitte beachten Sie außerdem:

- Bei Gerichten, in denen Hülsenfrüchte verarbeitet werden, sind in der Zutatenliste die **gekochten** Bohnen oder Linsen aufgeführt. Bitte berücksichtigen Sie bei der Planung, dass diese am Vorabend oder morgens gegart werden oder aus dem Tiefkühlvorrat geholt werden müssen.
- Werden Kräuter verwendet, kann meist die Zeit, in der die restlichen Zutaten gerade in Topf oder Pfanne schmoren, genutzt werden, um sie fein zu hacken. Wenn es mal noch schneller gehen soll, können Sie auch tiefgekühlte Kräuter verwenden.
- In der Zutatenliste wird in einigen Rezepten **heißes Wasser oder heiße Gemüsebrühe** angegeben. Bitte erhitzen Sie das Wasser dazu mit einem Wasserkocher. Dies spart Zeit und Energie.
- Bei einigen Gerichten wird neben der reinen Zubereitungszeit zusätzlich Zeit zum Einweichen, Antauen oder als Ruhezeit für den Teig benötigt. Bitte planen Sie dies entsprechend ein (siehe Zeichenerklärung).

Lassen Sie sich durch die angegebenen Zubereitungszeiten aber bitte auf keinen Fall unter Druck setzen. Es schadet niemandem, wenn Sie nicht wie ein Tornado durch die Küche wirbeln oder wenn Sie nicht andauernd die Stoppuhr im Auge behalten. Letztlich kommt es auf den Genuss und die Freude bei der Zubereitung sowie beim gemeinsamen Essen an. Manchmal führen verschiedene Kochwege zum gleichen und gleichsam schmackhaften Ziel.

Zeichenerklärung

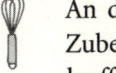 Die Uhr zeigt Ihnen bei jedem Rezept auf einen Blick, wie lange es dauert, bis das Gericht fertig auf dem Tisch steht. Bitte beachten Sie dabei auch die Hinweise zu den Zubereitungszeiten.

Ist ein Rezept mit diesem Symbol gekennzeichnet, sind zusätzliche Einweich-, Kühl- oder Ruhezeiten notwendig. Bitte planen Sie diesen Arbeitsschritt jeweils mit ein, indem Sie beispielsweise morgens die Rosinen einweichen, bevor Sie sie dann mittags weiterverarbeiten. Da Sie dabei nichts tun müssen – außer zu warten – erhöht sich der Aufwand für die Zubereitung nicht.

An dieser Stelle sind alle Küchenutensilien, die Sie für die Zubereitung bereitstellen sollten, aufgelistet – von der Auflaufform bis zur Zitruspresse.

Gegenstände, die Sie fast immer benötigen, beispielsweise Messer, Schneidbrett, Kochlöffel oder Schneebesen, werden dabei nicht eigens aufgeführt.

Salate und Beilagen

Apfel-Zucchini-Salat mit Cranberrys

2 mittelgroße Zucchini (etwa 500 g)
2 Äpfel
100 g getrocknete Cranberrys
4 EL Sonnenblumenkerne

Für das Dressing:
2 EL Zitronensaft
1 EL Honig oder Ahornsirup
1 EL Rapsöl
1 EL Sonnenblumenöl
1 TL mildes Currypulver
1 MSP gemahlener Zimt
1 MSP gemahlener Kreuzkümmel
Meersalz
frisch gemahlener weißer Pfeffer

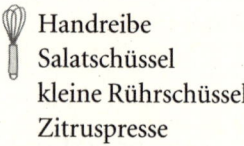 15 Minuten

Handreibe
Salatschüssel
kleine Rührschüssel
Zitruspresse

- Für den Salat die Zucchini mit der Handreibe grob raspeln, die Äpfel vierteln, entkernen und würfeln.
- Zusammen mit den Cranberrys und den Sonnenblumenkernen in eine Salatschüssel geben.
- Für das Dressing alle Zutaten miteinander verrühren und mit Salz und Pfeffer abschmecken.
- Das Dressing über den Salat träufeln und gut vermischen.

Avocado-Grapefruit-Salat mit geröstetem Baguette

 15 Minuten

kleine Rührschüssel

4 dicke Scheiben Baguette
4 TL Olivenöl
4 reife Avocados
2 rosa Grapefruits
1 EL grobkörniger Senf
3 EL Olivenöl
1 EL Weißweinessig
Meersalz
frisch gemahlener weißer Pfeffer
4 EL gehackte Mandeln

- Das Baguette im Backofen oder auf dem Toaster sehr kross rösten und mit dem Olivenöl beträufeln.
- Die Avocados schälen, den Kern entfernen und das Fruchtfleisch mundgerecht würfeln.
- Von den Grapefruits die Schale und das weiße Häutchen gründlich wegschneiden, dann die Grapefruits in Spalten und diese in Würfel schneiden. Die Avocado- und die Grapefruitwürfel miteinander vermischen.
- Aus dem Senf, dem Olivenöl und dem Weißweinessig ein Dressing anrühren und mit Salz und Pfeffer abschmecken.
- Das Dressing über den Salat träufeln und gut vermischen.
- Den Salat auf vier Tellern verteilen und jede Portion mit einem Esslöffel gehackter Mandeln überstreuen. Die gerösteten Baguettescheiben dazu servieren.

Bohnen-Kartoffel-Püree

 25 Minuten

1 mittelgroße Zwiebel
700 g Kartoffeln
300 ml kochend heiße Gemüsebrühe
500 g gekochte weiße Bohnen
2 EL Olivenöl
1 EL Zitronensaft
2 Knoblauchzehen
Meersalz
frisch gemahlener weißer Pfeffer

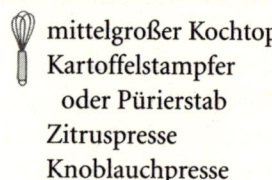 mittelgroßer Kochtopf
Kartoffelstampfer
oder Pürierstab
Zitruspresse
Knoblauchpresse

- Die Zwiebel fein hacken.
- Die Kartoffeln schälen und in kleine Würfel schneiden.
- Die gehackte Zwiebel und die Kartoffelwürfel in einen Topf geben und mit der kochend heißen Gemüsebrühe übergießen.
- Die Kartoffeln mit der Zwiebel zum Kochen bringen und mit geschlossenem Deckel in etwa fünfzehn Minuten weich kochen.
- Danach vom Herd nehmen und mit einem Kartoffelstampfer oder dem Pürierstab pürieren.
- Die Bohnen, das Olivenöl, den Zitronensaft und die durchgepressten Knoblauchzehen dazugeben und noch einmal pürieren. Sollten die Kartoffeln sehr mehlig sein, noch etwas heiße Gemüsebrühe hinzufügen.
- Das Püree zurück auf den Herd geben und gründlich erhitzen. Mit Salz und Pfeffer abschmecken.

 Das Bohnenpüree als Beilage zu den gebackenen Auberginenscheiben (Rezept s. S. 161) oder zu den gratinierten Zucchinischnitzeln (Rezept s. S. 172) servieren.

Chicoréesalat mit Birnen, Weintrauben und Nüssen

 15 Minuten

Salatschüssel
kleine Rührschüssel
Zitruspresse

500 g Chicorée
2 Birnen
100 g grüne Weintrauben
100 g grob gehackte Walnüsse

Für das Dressing:
Saft einer halben Zitrone
4 EL fein gehackte krause Petersilie
1 EL Walnussöl
1 EL Kürbiskernöl
1 EL süßer Senf
1 TL Honig oder Roh-Rohrzucker
Meersalz
frisch gemahlener schwarzer Pfeffer

- Den Chicorée der Länge nach halbieren und den bitteren Strunk keilförmig herausschneiden.
- Danach die Chicoréehälften in dünne Streifen schneiden.
- Die Birnen vierteln, entkernen und mundgerecht würfeln.
- Die Weintrauben halbieren.
- Den Chicorée und das Obst in eine Salatschüssel geben und die Walnüsse untermischen.
- Für das Dressing alle Zutaten miteinander verrühren und mit Salz und Pfeffer abschmecken.
- Das Dressing über den Salat träufeln und gut vermischen.

Feldsalat mit gebratenen Austernpilzen und Knoblauchcroûtons

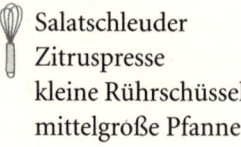 30 Minuten

200 g Feldsalat
100 g Radicchio
300 g Austernpilze
3 Scheiben Vollkorntoast
2 Knoblauchzehen
2 EL Olivenöl

Salatschleuder
Zitruspresse
kleine Rührschüssel
mittelgroße Pfanne

Für das Dressing:
1 kleine Orange
2–3 TL Honig oder Roh-Rohrzucker
3 EL Walnussöl
1 EL Kürbiskernöl
Meersalz
frisch gemahlener schwarzer Pfeffer
4 EL Kürbiskerne

- Den Feldsalat und Radicchio waschen, verlesen und trockenschleudern.
- Die Austernpilze kurz abbrausen und auf Küchenkrepp abtropfen lassen. Die Stielansätze entfernen.
- Den Toast im Toaster sehr kross toasten.
- Eine Knoblauchzehe halbieren und eine mittelgroße Pfanne damit kräftig einreiben.
- Das Olivenöl in der Pfanne erhitzen und die Austernpilze darin von jeder Seite etwa vier Minuten kräftig anbraten. Mit Salz und Pfeffer würzen.
- Die zweite Knoblauchzehe halbieren und damit kräftig den krossen Vollkorntoast einreiben. Den Toast in Würfel schneiden.
- Für das Dressing die Orange auspressen und den Saft mit dem Honig sowie dem Walnuss- und Kürbiskernöl zu einem Dressing verrühren. Das Dressing mit Salz und Pfeffer abschmecken.
- Den Radicchio in Streifen schneiden und zusammen mit dem Feldsalat auf vier Tellern verteilen. Mit dem Dressing überträufeln.
- Die gebratenen Austernpilze auf dem Salat anrichten und mit den Knoblauchcroûtons und den Kürbiskernen überstreuen.

Gefüllte Paprikaschoten

 15 Minuten

2 große rote Paprika
2 mittelgroße, gekochte Kartoffeln
  (vom Vortag)
150 ml kochend heiße Gemüsebrühe
50 g gemahlene Mandeln
1 – 2 Knoblauchzehen
1 EL Olivenöl
1 EL fein gehackte krause Petersilie
1 TL mildes Paprikapulver
16 entkernte schwarze Oliven
Meersalz
frisch gemahlener schwarzer Pfeffer

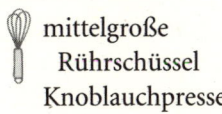 mittelgroße
  Rührschüssel
  Knoblauchpresse

- Die Paprika halbieren und entkernen.
- Die Kartoffeln grob würfeln, mit der heißen Gemüsebrühe übergießen und mit einer Gabel zermusen.
- Die Mandeln, die durchgepressten Knoblauchzehen, das Olivenöl, die Petersilie und das Paprikapulver unterrühren.
- Zwölf Oliven vierteln und ebenfalls unterrühren.
- Die Füllung mit Salz und Pfeffer abschmecken und in die Paprikahälften geben.
- Die verbleibenden vier Oliven halbieren und auf den gefüllten Paprikahälften verteilen.
- Mit Toast, Baguette oder Ciabatta servieren.

Gurken-Avocado-Salat

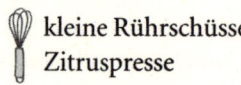 15 Minuten

2 reife Avocados
3 EL Zitronensaft
2 EL Olivenöl
4 TL fein gehackter Dill
2 Salatgurken
Meersalz
frisch gemahlener weißer Pfeffer

kleine Rührschüssel
Zitruspresse

- Die Avocados halbieren, den Kern entfernen und das Fruchtfleisch auslöffeln.
- Das Fruchtfleisch mit dem Zitronensaft überträufeln und mit einer Gabel zermusen.
- Das Olivenöl und den Dill unterrühren.
- Die Salatgurken fein würfeln und zu den zermusten Avocados geben.
- Gründlich vermischen und den Salat mit Salz und Pfeffer abschmecken.
- Den Salat auf vier Tellern anrichten und servieren.

Salat mit Staudensellerie und Orangen

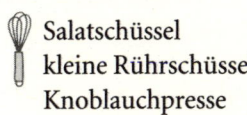 15 Minuten

4 Orangen
4 Stangen Staudensellerie
4 Tomaten
6 braune Champignons
6 EL Mandelstifte

Salatschüssel
kleine Rührschüssel
Knoblauchpresse

Für das Dressing:
2 TL Roh-Rohrzucker
2 EL Rotweinessig
4 EL Olivenöl
2 Knoblauchzehen
Meersalz
frisch gemahlener weißer Pfeffer

- Die Orangen so weit schälen, dass das weiße Häutchen mit entfernt wird.
- Orangen in Spalten zerteilen und mundgerecht würfeln.
- Den Staudensellerie und die Tomaten würfeln.
- Die Champignons in Scheiben schneiden.
- Die Orangen und das Gemüse sowie die Mandelstifte in eine Salatschüssel geben.
- Für das Dressing den Zucker mit dem Rotweinessig verrühren.
- Das Olivenöl dazugeben und so lange rühren, bis der Zucker sich komplett aufgelöst hat.
- Die durchgepressten Knoblauchzehen dazugeben und das Dressing mit Salz und Pfeffer abschmecken.
- Das Dressing über den Salat geben und gut vermischen.

Kidneybohnen-Kraut-Salat mit Haselnussdressing

 15 Minuten

kleine Rührschüssel
Küchenmaschine
Salatschüssel
Zitruspresse

1 Zwiebel
2 Bananen
450 g Weißkohl
250 g gekochte Kidneybohnen

Für das Dressing:
2 EL Limettensaft
2 EL Ketjap Manis
1 EL Walnussöl
1 EL Rapsöl
3 EL fein gehackte glatte Petersilie
3 EL gemahlene Haselnüsse
2 TL Roh-Rohrzucker
2 MSP gemahlenes Piment
Meersalz
frisch gemahlene Chiliflocken

- Für den Salat die Zwiebel fein hacken, die Bananen in Scheiben schneiden.
- Den Weißkohl mit der Küchenmaschine fein raspeln.
- Zusammen mit den Kidneybohnen, der Zwiebel und den Bananen in eine Salatschüssel geben.
- Für das Dressing den Limettensaft mit dem Ketjap Manis und dem Öl verrühren.
- Die Petersilie, Haselnüsse, den Zucker und das Piment dazugeben und das Dressing mit Salz und Chiliflocken abschmecken.
- Das Dressing über den Salat geben und gut vermischen.

Kohlrabi-Apfel-Rohkost mit Tahindressing

2 kleine Kohlrabis
2 Karotten
2 Äpfel
8 EL Sonnenblumenkerne

Für das Dressing:
3–4 TL Tahin
3 EL Zitronensaft
4 EL kaltes Wasser
2 EL Sonnenblumenöl
3 EL fein gehackter Schnittlauch
Meersalz
frisch gemahlener weißer Pfeffer

🕐 15 Minuten

🥄 Küchenmaschine
Salatschüssel
kleine Rührschüssel
Zitruspresse

- Die Kohlrabis und die Karotten schälen, mit der Küchenmaschine grob raspeln.
- Die Äpfel vierteln, entkernen und ebenfalls grob raspeln. Zusammen mit Kohlrabi und Karotten in eine Salatschüssel geben.
- Mit den Sonnenblumenkernen bestreuen.
- Für das Dressing alle Zutaten vermischen und so lange rühren, bis eine glatte Creme entstanden ist. Mit Salz und Pfeffer abschmecken.
- Das Dressing über den Salat geben und gut vermischen.

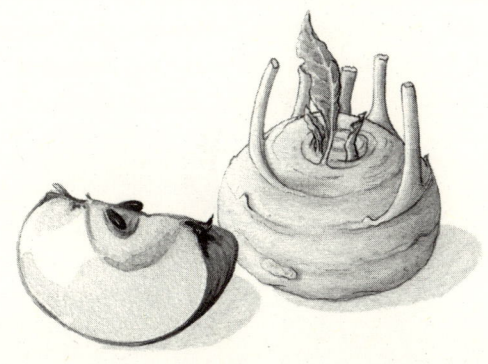

Krautsalat mit Äpfeln und Nüssen

 15 Minuten

4 EL Rosinen
kochend heißes Wasser zum Einweichen
500 g Weißkraut
2 mittelgroße Äpfel
100 g grob gehackte Walnüsse

Küchenmaschine
Salatschüssel
kleine Rührschüssel
Zitruspresse

Für das Dressing:
100 ml Soja-, Reis- oder Haferdrink
Saft einer kleinen, halben Zitrone
2 EL Rapsöl
Meersalz
frisch gemahlener weißer Pfeffer

- Für den **Salat** die Rosinen mit kochend heißem Wasser übergießen und zehn Minuten quellen lassen.
- Das Weißkraut und die Äpfel mit der Küchenmaschine grob raspeln.
- Die Walnüsse mit dem Weißkraut und den Äpfeln in einer Salatschüssel vermischen.
- Für das **Dressing** den Sojadrink mit dem Zitronensaft und dem Rapsöl verrühren und mit Salz und Pfeffer abschmecken.
- Die Rosinen abgießen und zum Salat geben.
- Das Dressing über den Salat geben und gut vermischen.

Warmer Nudelsalat mit Erdnussdressing

500 g Spirelli oder Rigatoni
Meersalz

Für das Dressing:
½ Bund glatte Petersilie
3 EL Erdnussmus
3 EL heißes Wasser
2 EL Sojasauce
1 EL Sesamöl
1 EL Rapsöl
1 TL Apfelessig
1 TL Honig oder Roh-Rohrzucker
1 Knoblauchzehe
1 haselnussgroßes Stück Ingwer
2 EL Sesamsamen
frisch gemahlene Chiliflocken
Meersalz

 20 Minuten

mittelgroßer Kochtopf
kleine Rührschüssel
Knoblauchpresse
Durchschlag
Salatschüssel

- Die Nudeln in reichlich kochendes Salzwasser geben und bissfest garen.
- In der Zwischenzeit für das **Dressing** die Petersilie kurz abbrausen, trockentupfen und fein hacken.
- Das Erdnussmus mit dem heißen Wasser verrühren, dann die Sojasauce, das Sesam- und Rapsöl, den Apfelessig und Honig dazugeben.
- Die Knoblauchzehe durchpressen und unterrühren.
- Den Ingwer schälen, ebenfalls durch die Knoblauchpresse pressen und zum Dressing geben.
- Die Sesamsamen und die gehackte Petersilie dazugeben und das Dressing gut verrühren.
- Mit Chiliflocken und etwas Salz abschmecken.
- Nudeln in einen Durchschlag gießen und unter fließendem Wasser etwas abkühlen. Gut abtropfen lassen und in eine Salatschüssel geben.
- Die Nudeln mit dem Dressing vermischen.

Melone mit pfannengerösteten Kernen 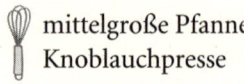 15 Minuten

Für das Dressing:
½ Bund krause Petersilie
4 EL Olivenöl
1 Knoblauchzehe (nach Wahl)
150 g gemischte Kerne
    (z. B. Sonnenblumen-, Pinien-, Kürbiskerne)
Meersalz
frisch gemahlener schwarzer Pfeffer

mittelgroße Pfanne
Knoblauchpresse

1 Honig-, Galia- oder Netzmelone

- Für das **Dressing** die Petersilie kurz abbrausen, trockentupfen und fein hacken.
- Das Olivenöl in einer Pfanne erhitzen und die durchgepresste Knoblauchzehe darin eine Minute anschwitzen. Die Kerne dazugeben und vier Minuten bei mittlerer Temperatur und häufigem Rühren etwas anbräunen. Dann vom Herd nehmen.
- Die Petersilie unterrühren und die Kerne mit Salz und Pfeffer herzhaft abschmecken.
- Die Melone halbieren, die Kerne und Fasern entfernen und das Fruchtfleisch in dünne Spalten schneiden. Die Schale entfernen und die Spalten auf vier großen Tellern anrichten.
- Die geröstete Kernemischung darüberverteilen.

Orangensalat mit Fencheldressing

 25 Minuten

2 Orangen
2 Blutorangen
1 rote Zwiebel
12 entkernte schwarze Oliven

Salatplatte oder
  großer Teller
kleine Rührschüssel

Für das Dressing:
1 kleine Fenchelknolle
1 EL Honig oder Ahornsirup
2 EL Weißweinessig
3 EL Olivenöl
Meersalz
frisch gemahlener weißer Pfeffer

- Die Orangen und Blutorangen so gründlich schälen, dass auch das weiße Häutchen komplett entfernt wird.
- Die Orangen in dünne Scheiben schneiden und auf einer Salatplatte oder einem großen Teller fächerförmig anrichten.
- Die Zwiebel in feine Ringe schneiden, die Oliven halbieren und beides auf den Orangenscheiben verteilen.
- Für das **Dressing** vom Fenchel die harten Stiele und den Strunk entfernen.
- Das Fenchelgrün fein hacken und beiseite legen.
- Den Fenchel fein würfeln, dann mit dem Honig oder Sirup, dem Essig und dem Olivenöl verrühren.
- Das Dressing mit Salz und Pfeffer abschmecken und über den Orangensalat geben.
- Den Salat mit dem Fenchelgrün bestreuen.

Pfannenpaprika mit Sherry-Essig   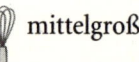 15 Minuten

4 große rote Paprika   mittelgroße Pfanne
4 Knoblauchzehen
4 EL Olivenöl
12 entkernte schwarze Oliven
1 EL Sherry-Essig
1 TL getrockneter Thymian
1 TL getrockneter Rosmarin
Meersalz
rosenscharfes Paprikapulver

- Die Paprika entkernen und in Streifen schneiden.
- Die Knoblauchzehen schälen und fein hacken.
- Zuerst die Knoblauchzehen im heißen Olivenöl leicht anbräunen, dann die Paprika dazugeben und unter häufigem Rühren bissfest garen.
- Die Oliven halbieren und zusammen mit dem Essig und den getrockneten Kräutern unterrühren.
- Das Paprikagemüse mit Salz und Paprika abschmecken, noch zwei bis drei Minuten schmoren lassen und heiß oder auch lauwarm servieren.

 Lauwarm serviert ergibt das Pfannenpaprika zusammen mit frischem Baguette oder anderem knusprigem Weißbrot eine leichte Sommermahlzeit.

Rotkrautsalat mit Preiselbeerdressing 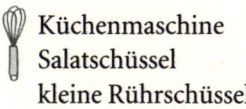 20 Minuten

600 g Rotkraut
1 große rote Zwiebel
200 g gekochte Kidneybohnen

Küchenmaschine
Salatschüssel
kleine Rührschüssel

Für das Dressing:
4 TL Preiselbeerkompott
2 EL Aceto Balsamico
2 EL Sonnenblumenöl
3 EL fein gehackter Schnittlauch
Meersalz
frisch gemahlener schwarzer Pfeffer

- Für den Salat das Rotkraut mit der Küchenmaschine fein raspeln.
- Die Zwiebel fein hacken.
- Zusammen mit den Kidneybohnen und dem Rotkraut in eine Salatschüssel geben.
- Für das **Dressing** das Preiselbeerkompott mit dem Aceto Balsamico und dem Sonnenblumenöl verrühren.
- Den Schnittlauch hinzufügen und das Dressing mit Salz und Pfeffer abschmecken.
- Das Dressing über den Salat träufeln und gut vermischen.

 Dieser knackige Wintersalat kann auch am Vorabend zubereitet und erst am nächsten Tag serviert werden. Krautsalate gewinnen im Allgemeinen, wenn man sie etwas ziehen lässt, an Geschmack.

Salatherzen nach Art der Cäsaren

 25 Minuten

3 Salatherzen
3 Scheiben Vollkorntoast oder
  Roggenmischbrot
3 TL Olivenöl
1 EL fein gehackte Petersilie
1 EL fein gehacktes Basilikum
Meersalz

Salatschleuder
mittelgroße Pfanne
kleine Rührschüssel
Knoblauchpresse

Für das Dressing:
1 EL Erdnussmus
3 EL heißes Wasser
1 durchgepresste Knoblauchzehe
3 EL gemahlene Mandeln
3 EL Hefeflocken
1–2 EL Instant Wakame oder Dulseflocken
2 EL Weißweinessig
2 EL Olivenöl
1 EL Sojasauce
1 EL scharfer Senf
1 TL Honig oder Roh-Rohrzucker
50 ml kaltes Wasser
frisch gemahlener schwarzer Pfeffer

- Die Salatherzen waschen, in dünne Streifen schneiden und trockenschleudern.
- Den Toast würfeln und im heißen Olivenöl in der Pfanne goldgelb rösten. Mit den Kräutern und etwas Salz würzen.
- Für das **Dressing** das Erdnussmus mit dem heißen Wasser verrühren, sodass eine glatte Creme entsteht.
- Die übrigen Zutaten unterrühren und das Dressing mit etwas Pfeffer abschmecken.
- Salat auf vier Tellern anrichten und mit dem Dressing beträufeln.
- Die Croûtons darüberstreuen.

Der Caesar Salad gehört zu den Klassikern der US-amerikanischen Küche. Er wurde 1924 von dem in San Diego lebenden Italiener Caesar Cardini kreiert, der wegen der damaligen Prohibition im benachbarten mexikanischen Tijuana das Restaurant Caesar's Place betrieb.

Inzwischen gibt es unzählige Versionen seines Rezeptes, also warum nicht auch eine, die ohne die obligatorischen Sardellenfilets und den Parmesan auskommt? Den Fischgeschmack kann man durch die Zugabe von getrockneten Algen ausgleichen und der Parmesan wird durch Hefeflocken und gemahlene Mandeln ersetzt. Wer möchte, kann den Salat noch durch Eierspalten ergänzen.

Karotten-Sesam-Salat

 15 Minuten

750 g Karotten
½ Bund glatte Petersilie

 Küchenmaschine
kleine Rührschüssel
Zitruspresse
Salatschüssel

Für das Dressing:
2 EL Zitronensaft
1 EL Olivenöl
1 EL Sesamöl
1 EL Ketjap Manis
2 TL Tahin
4 EL Sesamsamen
frisch gemahlener weißer Pfeffer

- Die Karotten putzen und mit der Küchenmaschine grob raspeln.
- Die Petersilie kurz abbrausen, trockentupfen und fein hacken.
- Für das **Dressing** alle Zutaten miteinander verrühren.
- Das Dressing mit Pfeffer abschmecken.
- Die geraspelten Karotten und die Petersilie in eine Salatschüssel geben, mit dem Dressing beträufeln und gut vermischen.

 Ein paar Löffel Karotten-Sesam-Salat mit einem großzügigen Klecks Cashewcreme (Rezept s. S. 103) in leicht angewärmtes Pitabrot geben und als Snack servieren.

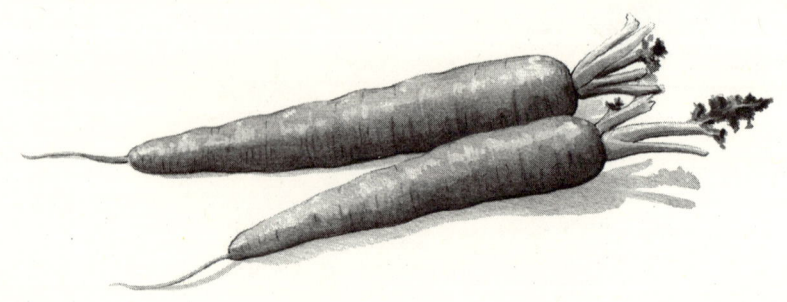

Spanischer Sommersalat

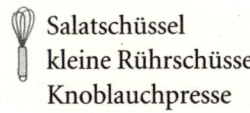 20 Minuten

4 *(Flaschen-)Tomaten*
150 g *Staudensellerie*
3 *hart gekochte Eier*
½ *Bund krause Petersilie*
2 – 3 *EL eingelegte Kapern*
10 *entkernte grüne Oliven*
10 *entkernte schwarze Oliven*
200 g *gegarter Gemüsemais*

Salatschüssel
kleine Rührschüssel
Knoblauchpresse

Für das Dressing:
3 *EL Olivenöl*
1 *EL Sherry-Essig*
1 *Knoblauchzehe*
Meersalz
frisch gemahlener weißer Pfeffer

- Die Tomaten in Spalten, den Staudensellerie in feine Scheibchen schneiden und die hart gekochten Eier würfeln.
- Die Petersilie kurz abbrausen, trockentupfen und fein hacken.
- Die Kapern fein hacken und die Oliven halbieren.
- Alle Zutaten für den Salat in eine Salatschüssel geben und gut vermischen.
- Für das **Dressing** das Olivenöl mit dem Sherry-Essig verrühren, die durchgepresste Knoblauchzehe dazugeben und mit Salz und Pfeffer abschmecken.
- Das Dressing über den Salat geben und gut vermischen.

Suppen und Eintöpfe

Ananas-Linsen-Suppe

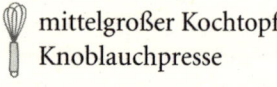 25 Minuten

2 große Kartoffeln
1 l kochend heiße Gemüsebrühe
150 g gelbe Linsen
150 g rote Linsen
2 Knoblauchzehen
2 EL Honig oder Roh-Rohrzucker
2 TL mildes Currypulver
2 EL Apfelessig
4 EL gemahlene Mandeln
4 Scheiben Ananas
1 Banane
200 ml Soja-, Reis- oder Haferdrink
4 EL fein gehackte glatte Petersilie
Meersalz
frisch gemahlener schwarzer Pfeffer
4 EL Mandelblättchen

mittelgroßer Kochtopf
Knoblauchpresse

- Die Kartoffeln schälen, fein würfeln und mit 200 Millilitern kochend heißer Gemüsebrühe übergießen.
- Die Kartoffeln fünf Minuten mit geschlossenem Deckel vorgaren, dann die Linsen und den Rest der kochend heißen Gemüsebrühe dazugeben.
- Die Kartoffeln und Linsen mit geschlossenem Deckel in etwa zehn Minuten bissfest garen.
- Danach die durchgepressten Knoblauchzehen, den Honig, das Currypulver, den Apfelessig und die gemahlenen Mandeln unterrühren.
- Die Ananas in Stücke, die Banane in Scheiben schneiden.
- Die Früchte und dann den Sojadrink in die Suppe rühren.
- Die Suppe noch einmal gründlich erhitzen, aber nicht mehr kochen.
- Die Petersilie unterrühren und mit Salz und Pfeffer abschmecken.
- Die Suppe in Suppenteller geben und mit den Mandelblättchen bestreuen.

Cremige Paprikasuppe aus Kastilien

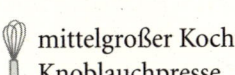 20 Minuten

2 große Zwiebeln
1 EL Olivenöl
250 g gekochte braune Linsen
2 Lorbeerblätter
½ TL Fenchelsamen
1 TL getrockneter Thymian
500 ml kochend heiße Gemüsebrühe
3 rote gegrillte Paprikaschoten
   (aus dem Glas)
2 Knoblauchzehen
140 g Tomatenmark
1 EL Sherry-Essig
1 TL mildes Paprikapulver
150 ml Soja- oder Hafersahne
Meersalz
rosenscharfes Paprikapulver

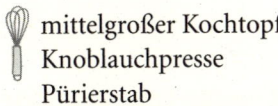 mittelgroßer Kochtopf
Knoblauchpresse
Pürierstab

- Die Zwiebeln fein hacken und im heißen Olivenöl glasig dünsten.
- Die Linsen, Lorbeerblätter, den Fenchelsamen und den Thymian dazugeben.
- Mit der Gemüsebrühe übergießen und zehn Minuten bei mittlerer Temperatur köcheln lassen.
- Danach die Lorbeerblätter entfernen.
- Die Paprikaschoten würfeln und zusammen mit den durchgepressten Knoblauchzehen zu der Suppe geben.
- Die Suppe vom Herd nehmen und mit dem Pürierstab fein pürieren.
- Tomatenmark, Sherry-Essig und das Paprikapulver unterrühren.
- Die Suppe zurück auf den Herd geben und zum Kochen bringen. Einmal aufwallen lassen, dann die Temperatur etwas reduzieren und drei bis vier Minuten köcheln lassen.
- Dann die Sojasahne unterrühren und die Suppe mit Salz und Paprika abschmecken.
- Die Suppe noch ein bis zwei Minuten ziehen lassen, dann servieren.

Erbsencremesuppe
mit Knäckebrotcroûtons

Für die Suppe:
1 Schalotte
4 kleine Kartoffeln
450 g tiefgekühlte grüne Erbsen
500 ml kochend heiße Gemüsebrühe
300 ml Soja-, Reis- oder Haferdrink
4 EL Hefeflocken
1 EL Apfelessig
Meersalz
frisch gemahlener weißer Pfeffer
3 EL fein gehackte glatte Petersilie

Für die Croûtons:
2 Scheiben Vollkornknäckebrot
1 EL Rapsöl

 25 Minuten

Handreibe
mittelgroßer Kochtopf
Gefrierbeutel
Nudelholz
kleine Pfanne
Pürierstab

- Für die **Suppe** die Schalotte und die Kartoffeln schälen und beides direkt in den Suppentopf raspeln.
- Die Erbsen dazugeben und mit der kochend heißen Gemüsebrühe übergießen.
- Die Suppe bei hoher Temperatur zum Kochen bringen, einmal aufwallen lassen, dann die Temperatur reduzieren und bei mittlerer Temperatur zehn Minuten köcheln lassen. Dabei gelegentlich umrühren.
- Für die **Croûtons** in der Zwischenzeit die Knäckebrotscheiben in einen Gefrierbeutel geben, diesen verschließen und das Knäckebrot mit Hilfe eines Nudelholzes oder mit dem Handballen zerkrümeln.
- Das Rapsöl in der Pfanne erhitzen und die Knäckebrotkrümel darin kurz anbraten.
- Nach Beendigung der ersten Kochzeit die Suppe vom Herd nehmen und mit dem Pürierstab pürieren.
- Den Soja-, Reis- oder Haferdrink, die Hefeflocken und den Apfelessig dazugeben und nochmals pürieren.

- Die Suppe zurück auf den Herd geben und fünf Minuten köcheln lassen.
- Zum Ende der Kochzeit die Suppe mit Salz und Pfeffer abschmecken und die Petersilie unterrühren.
- Die Suppe auf Suppenteller verteilen und mit den Knäckebrotcroûtons bestreuen.

Die Hälfte der heißen Gemüsebrühe kann durch trockenen Weißwein ersetzt werden. Etwas festlicher wird die Suppe, wenn vor dem Servieren pro Portion ein Klecks Soja- oder Hafersahne hinzugefügt wird.

Durch den Weißwein erhöht sich die Kochzeit um etwa zwei bis drei Minuten.

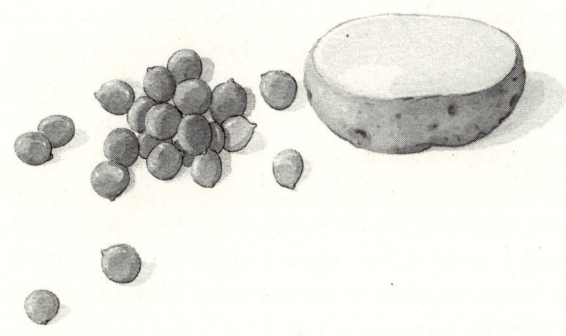

Gazpacho
(Spanische kalte Gemüsesuppe)

 15 Minuten

3 Scheiben altbackenes Weißbrot
etwa 350 ml kaltes Wasser
500 g reife Tomaten
1 Salatgurke
1 grüne Paprika
2–3 Knoblauchzehen
2 EL Sherry-Essig
1–2 TL Meersalz
50 ml Olivenöl
frisch gemahlener schwarzer Pfeffer

kleine Rührschüssel
Küchenmaschine

- Das Brot entrinden und grob würfeln. Mit dem Wasser übergießen und fünf Minuten ziehen lassen.
- In der Zwischenzeit die Tomaten, die Gurke und die Paprika grob würfeln.
- Den Knoblauch schälen und vierteln.
- Das Gemüse in den Mixbehälter der Küchenmaschine geben und gründlich pürieren.
- Das Brot mit den Händen gut ausdrücken und zusammen mit dem Essig und dem Salz ebenfalls in den Mixbehälter geben. Suppe noch einmal pürieren.
- Die Suppe in eine Schüssel füllen und das Olivenöl unterrühren.
- Mit Pfeffer abschmecken.

 Ein richtig guter Gazpacho gelingt nur mit richtig guten Zutaten. Deshalb sonnengereiftes Gemüse und hochwertiges Olivenöl verwenden.
In Spanien wird diese erfrischende Sommersuppe mit hart gekochten und klein gehackten Eiern, mit Tomaten-, Paprika- und Weißbrotwürfeln sowie mit fein gehackten Zwiebeln gereicht.

Gelber Eintopf mit Gartengemüse

 30 Minuten

1 EL Rapsöl
1 Zwiebel
2 EL fein gehackter Ingwer
2 Karotten
2 Kartoffeln
250 g gelbe Linsen
650 ml kochend heißes Wasser
1 rote Paprika
2 Stangen Staudensellerie
2 EL Sojasauce
1 EL Aceto Balsamico
1 TL mildes Paprikapulver
1 TL gemahlene Kurkuma
3 EL fein gehackte krause Petersilie
rote, scharfe Chilisauce
Meersalz

großer Kochtopf

- Das Rapsöl erhitzen und die fein gehackte Zwiebel und den Ingwer darin bei hoher Temperatur kurz anschwitzen.
- Die Karotten und die Kartoffeln schälen sowie würfeln und zu der Zwiebel geben.
- Die gelben Linsen ebenfalls unterrühren.
- Alles drei bis vier Minuten anschwitzen, dann mit dem kochend heißen Wasser übergießen, gut umrühren, den Deckel auflegen und fünf Minuten köcheln lassen.
- In der Zwischenzeit die Paprika würfeln und den Staudensellerie in dünne Scheiben schneiden.
- Beides in den Topf geben und den Eintopf mit der Sojasauce, dem Aceto Balsamico, dem Paprikapulver und der Kurkuma würzen.
- Den Eintopf mit geschlossenem Deckel weitere zehn Minuten köcheln lassen.
- Kurz vor dem Servieren die Petersilie unterrühren und den Eintopf mit ein paar Spritzern Chilisauce sowie eventuell mit noch etwas Salz abschmecken.

Gemüsegulasch mit Weißkohl und Champignons

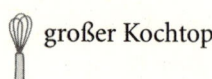

🕙 30 Minuten

🥄 großer Kochtopf

1 rote Zwiebel
600 g Weißkohl
350 g braune Champignons
600 g Kartoffeln
2 EL Rapsöl
400 ml kochend heiße Gemüsebrühe
2 Lorbeerblätter
½ TL Kümmel
2 TL mildes Paprikapulver
½ – 1 TL rosenscharfes Paprikapulver
2 TL getrockneter Majoran
1 TL getrockneter Thymian
140 g Tomatenmark
100 ml Soja- oder Hafersahne
3 EL fein gehackte krause Petersilie
Meersalz
frisch gemahlener schwarzer Pfeffer

- Die Zwiebel fein hacken, den Weißkohl in feine Streifen, die Champignons in Scheiben schneiden.
- Die Kartoffeln schälen und in kleine Würfel schneiden.
- Das Rapsöl in einem Suppentopf erhitzen und die Zwiebel darin bei hoher Temperatur kurz anschwitzen.
- Dann das verbleibende Gemüse in der Reihenfolge Weißkohl, Kartoffeln, Champignons dazugeben und jeweils kurz anschwitzen.
- Mit der Gemüsebrühe übergießen und die Temperatur etwas reduzieren.
- Die Lorbeerblätter, den Kümmel, das Paprikapulver sowie den Majoran und Thymian unterrühren, den Deckel auflegen und zehn bis zwölf Minuten köcheln lassen.
- Danach das Tomatenmark, die Soja- oder Hafersahne und die fein gehackte Petersilie unterrühren und das Gemüsegulasch mit Salz und Pfeffer abschmecken.
- Weitere fünf Minuten köcheln lassen, dann die Lorbeerblätter entfernen.

Kalte Karottensuppe

 15 Minuten

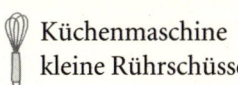 Küchenmaschine
kleine Rührschüssel

1 rote Zwiebel
2 gelbe Paprika
2 große Stangen Staudensellerie
5 Tomaten
450 ml ungesüßter Karottensaft
6 EL Tomatenmark
½ Bund Basilikum
Meersalz
frisch gemahlener schwarzer Pfeffer
4 EL Olivenöl

- Die Zwiebel, die Paprika, den Staudensellerie und drei der fünf Tomaten grob würfeln und im Mixbehälter der Küchenmaschine fein pürieren.
- Den Karottensaft dazugeben und nochmals pürieren.
- Die verbleibenden zwei Tomaten fein würfeln und mit dem Tomatenmark verrühren.
- Das Basilikum kurz abbrausen, trockentupfen und fein hacken. Zu den gewürfelten Tomaten geben.
- Die gewürfelten Tomaten und das Basilikum mit dem pürierten Gemüse verrühren.
- Die Suppe mit Salz und Pfeffer abschmecken und in vier Portionen aufteilen.
- Auf jede Portion einen Esslöffel Olivenöl träufeln.

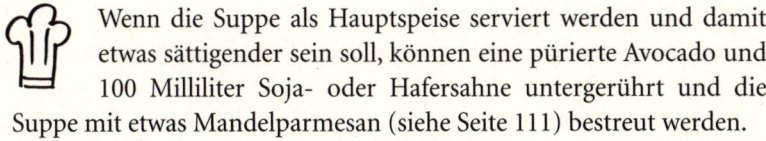 Wenn die Suppe als Hauptspeise serviert werden und damit etwas sättigender sein soll, können eine pürierte Avocado und 100 Milliliter Soja- oder Hafersahne untergerührt und die Suppe mit etwas Mandelparmesan (siehe Seite 111) bestreut werden.

Kalte Knoblauch-Mandel-Suppe   🕙 20 Minuten

200 g Mandeln
kochend heißes Wasser zum Einweichen
2 Scheiben Weißbrot
3 Knoblauchzehen
1 TL Meersalz
500 ml kaltes Wasser
8 EL Olivenöl
2–3 EL Sherry-Essig
Meersalz
frisch gemahlener weißer Pfeffer
250 g grüne Weintrauben

🥄 2 kleine Rührschüsseln
Küchenmaschine

- Die Mandeln mit kochend heißem Wasser übergießen und gut zehn Minuten ziehen lassen.
- Dann die Häutchen entfernen. (Der Kern lässt sich leich herausdrücken.)
- Das Weißbrot im Toaster rösten, dann vierteln und in etwas kaltem Wasser einweichen.
- Die Mandeln mit dem geschälten und halbierten Knoblauch und dem Salz in den Mixbehälter der Küchenmaschine geben und zerkleinern.
- Das Weißbrot mit den Händen etwas ausdrücken und ebenfalls in den Mixbehälter der Küchenmaschine geben.
- Die Hälfte des kalten Wassers dazugießen und nochmals pürieren.
- Den Rest des Wassers hinzufügen und ein letztes Mal pürieren.
- Das Olivenöl und den Essig unterrühren und die Suppe mit Salz und Pfeffer abschmecken.
- Suppe in Suppenteller füllen und mit den Trauben garniert servieren.

Die Suppe kann auch am Abend vorher zubereitet und bis zum Verzehr im Kühlschrank gekühlt werden.
Anstelle der oder zu den grünen Weintrauben können auch frische Feigen serviert werden.

Karottensuppe mit Orangensaft und Meerrettich

 30 Minuten

1 Zwiebel
500 g Karotten
300 g Kartoffeln
1 EL Sonnenblumenöl
800 ml kochend heiße Gemüsebrühe
2 Orangen
2 Knoblauchzehen
2 TL geriebener Tafelmeerrettich
3 EL fein gehackte krause Petersilie
3 TL fein gehackter Dill
Meersalz
frisch gemahlener weißer Pfeffer

mittelgroßer Kochtopf
Zitruspresse
Pürierstab
Knoblauchpresse

- Die Zwiebel fein hacken.
- Die Karotten und Kartoffeln schälen und würfeln.
- Die Zwiebel im heißen Öl im Topf kurz anschwitzen, dann die Karotten- und Kartoffelwürfel dazugeben und ebenfalls zwei bis drei Minuten anschwitzen.
- Mit der Gemüsebrühe übergießen und das Gemüse bei mittlerer Temperatur und geschlossenem Deckel in etwa zwölf Minuten weich kochen.
- In der Zwischenzeit die Orangen auspressen.
- Den Topf vom Herd nehmen und das Gemüse mit dem Pürierstab fein pürieren.
- Den Orangensaft, die durchgepressten Knoblauchzehen und den Meerrettich dazugeben.
- Die Suppe zurück auf den Herd geben und einmal aufwallen lassen. Dann bei mittlerer Temperatur und gelegentlichem Rühren vier bis fünf Minuten köcheln lassen.
- Kurz vor Ende der Kochzeit die Petersilie und den Dill unterrühren und die Suppe mit Salz und Pfeffer abschmecken.

Kartoffelsuppe mit Avocadowürfeln    30 Minuten

Für die Suppe:
1 große Zwiebel
1 EL Rapsöl
800 g Kartoffeln
800 ml kochend heiße Gemüsebrühe
2 Lorbeerblätter
2 Knoblauchzehen
6 EL feine Haferflocken
2 TL getrockneter Majoran
½ TL gemahlene Muskatnuss
Meersalz
frisch gemahlener schwarzer Pfeffer

mittelgroßer Kochtopf
mittelgroße Pfanne
Knoblauchpresse
Zitruspresse
Pürierstab

Für die Avocadowürfel:
½ Bund krause Petersilie
1 TL Rapsöl
100 g Sonnenblumenkerne
2 reife Avocados
1 EL Zitronensaft
Meersalz
frisch gemahlener schwarzer Pfeffer

- Für die **Suppe** die Zwiebel fein hacken und im heißen Rapsöl im Topf kurz anschwitzen.
- Die Kartoffeln schälen, fein würfeln und zu der Zwiebel geben. Eine Minute anschwitzen, dann mit 500 Millilitern kochend heißer Gemüsebrühe übergießen.
- Die Lorbeerblätter und die durchgepressten Knoblauchzehen hinzufügen und die Kartoffeln bei mittlerer Temperatur und geschlossenem Deckel in etwa fünfzehn Minuten weich kochen.
- In der Zwischenzeit für die **Avocadowürfel** die Petersilie kurz abbrausen, trockentupfen und fein hacken.
- Das Rapsöl in der Pfanne erhitzen und die Sonnenblumenkerne darin kurz schwenken.

- Die gehackte Petersilie unterrühren und bei mittlerer Temperatur und häufigem Rühren etwas anschwitzen. Dann die Temperatur reduzieren.
- Die Avocados schälen, die Kerne entfernen und das Fruchtfleisch in Würfel schneiden.
- In die Pfanne geben und mit dem Zitronensaft beträufeln.
- Die Avocadowürfel unter gelegentlichem Rühren erwärmen, aber nicht kochen, da sie sonst bitter werden.
- Mit Salz und Pfeffer abschmecken und warm halten.
- Die Suppe vom Herd nehmen, die Lorbeerblätter entfernen und die Suppe mit dem Pürierstab pürieren.
- Die Haferflocken sowie die restlichen 300 Milliliter kochend heiße Gemüsebrühe unterrühren und nochmals pürieren.
- Die Suppe mit Majoran, Muskat sowie Salz und Pfeffer würzen, zurück auf den Herd geben und fünf Minuten köcheln lassen.
- Dann die Suppe auf vier Suppenteller verteilen und die Avocadowürfel darübergeben.

Kartoffel-Chili   🕐 30 Minuten

1 rote Zwiebel   🥄 mittelgroßer Kochtopf
2 rote Paprika   Knoblauchpresse
1 EL Rapsöl
4 mittelgroße Kartoffeln
150 ml kochend heiße Gemüsebrühe
2 Stangen Staudensellerie
200 g gekochte weiße Bohnen
200 g gekochte Kidneybohnen
500 g passierte Tomaten
2 Knoblauchzehen
50 ml Orangensaft
2 TL schwarze Melasse oder Zuckerrübensirup
1 TL gemahlener Kreuzkümmel
½ TL gemahlener Koriander
2 TL mildes Paprikapulver
4 EL fein gehackte glatte Petersilie
Meersalz
frisch gemahlene Chiliflocken

- Die Zwiebel fein hacken, die Paprika fein würfeln.
- Die Zwiebel im heißen Rapsöl im Topf kurz anschwitzen, dann die Paprikawürfel dazugeben und ebenfalls zwei Minuten anschwitzen.
- Die Kartoffeln schälen und würfeln, dann ebenfalls in den Topf geben.
- Das Gemüse mit der Gemüsebrühe übergießen und mit aufgelegtem Deckel fünf Minuten vorgaren.
- In der Zwischenzeit den Staudensellerie fein würfeln.
- Den Staudensellerie, die weißen Bohnen und die Kidneybohnen zusammen mit den passierten Tomaten in den Topf geben.
- Die durchgepressten Knoblauchzehen, den Orangensaft und die schwarze Melasse unterrühren.
- Kreuzkümmel, Koriander und Paprikapulver dazugeben und das Chili unter gelegentlichem Rühren etwa fünfzehn Minuten köcheln lassen.
- Zum Ende der Kochzeit die Petersilie unterrühren und das Chili mit Salz und Chiliflocken abschmecken.

Maronencremesuppe mit Apfel und Zimt

 25 Minuten

2 Schalotten
1 EL Rapsöl
1 große Karotte
200 g Kartoffeln
500 ml kochend heiße Gemüsebrühe
1 Apfel
200 g fertig gegarte Maronen
300 ml Soja-, Reis- oder Haferdrink
200 ml Apfelsaft
⅓ TL gemahlener Zimt
⅓ TL gemahlene Muskatnuss
2 EL Apfelessig
3 EL fein gehackte krause Petersilie
Meersalz
frisch gemahlener weißer Pfeffer
100 ml Soja- oder Hafersahne

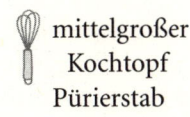 mittelgroßer
Kochtopf
Pürierstab

- Die Schalotten fein hacken und im heißen Rapsöl im Topf kurz anschwitzen.
- Die Karotte und Kartoffeln schälen sowie fein würfeln. Zu den Schalotten geben und ebenfalls kurz anschwitzen.
- Gemüse mit der kochend heißen Gemüsebrühe übergießen, bei mittlerer Temperatur und geschlossenem Deckel fünf Minuten vorgaren.
- In der Zwischenzeit den Apfel vierteln, entkernen und fein würfeln.
- Die Maronen grob würfeln.
- Die Apfel- und Maronenwürfel in den Topf geben und weitere fünf Minuten mit geschlossenem Deckel garen.
- Den Topf vom Herd nehmen und die Suppe mit dem Pürierstab pürieren. Beim Pürieren den Sojadrink und den Apfelsaft hinzugießen.
- Die Suppe zurück auf den Herd geben und zum Kochen bringen. Einmal aufwallen lassen, dann die Temperatur etwas reduzieren und den Zimt, die Muskatnuss, den Apfelessig und die gehackte Petersilie unterrühren. Zwei Minuten köcheln lassen.
- Die Suppe mit Salz und Pfeffer abschmecken und die Sojasahne unterziehen.

Miso-Gemüse-Suppe

 15 Minuten

200 g Tofu (natur)
4 Frühlingszwiebeln
2 kleine Karotten
1 EL Sojaöl
1,25 l kaltes Wasser
2 TL gekörnte Gemüsebrühe
2–3 EL getrocknete Wakame
4 EL fein gehackte glatte Petersilie
2–3 EL Miso (z. B. Genmai Miso)

Handreibe
großer Kochtopf oder Wok

- Den Tofu kurz abbrausen, in Küchenkrepp einschlagen und das überschüssige Wasser vorsichtig auspressen. Danach in kleine Würfel schneiden.
- Die Frühlingszwiebeln in feine Ringe schneiden, die Karotten schälen und grob raspeln.
- Das Gemüse im heißen Sojaöl drei bis vier Minuten bei hoher Temperatur anschwitzen, dann mit dem Wasser ablöschen.
- Die gekörnte Gemüsebrühe unterrühren.
- Die Suppe zum Kochen bringen und einmal aufwallen lassen.
- Dann die Temperatur etwas reduzieren, die Tofuwürfel und die Wakame unterrühren und die Suppe fünf Minuten köcheln lassen.
- Danach die Petersilie und die Misopaste unterrühren. Achtung: Das Miso nicht mitkochen lassen, weil es sonst ausflockt.

Bei der Verwendung kräftiger Misosorten etwas weniger Paste verwenden oder nach eigenem Geschmack dosieren.

Statt der Frühlingszwiebeln können entweder 150 Gramm tiefgekühlte grüne Erbsen oder eine dicke Stange Lauch verwendet werden.

Durch die Zugabe von Naturreis (Rest vom Vortag oder aufgetaut) wird die Suppe sättigender.

Spanische Mandelsuppe

 25 Minuten

2 EL Olivenöl
150 g blanchierte und gemahlene Mandeln
3 Knoblauchzehen
3 EL Weizenmehl (Type 1050)
3 mittelgroße Kartoffeln (etwa 200 g)
700 ml kochend heiße Gemüsebrühe
300 ml Soja-, Reis- oder Haferdrink
50 ml trockener Sherry
*   ersatzweise ungesüßter Apfelsaft*
2 EL Weißweinessig
1 Safranfaden
100 ml Soja- oder Hafersahne
Meersalz
frisch gemahlener weißer Pfeffer
4 TL Olivenöl
4 EL fein gehackte krause Petersilie

mittelgroßer Kochtopf
Knoblauchpresse
Handreibe
Pürierstab

- Das Olivenöl im Topf erhitzen und die gemahlenen Mandeln und die durchgepressten Knoblauchzehen darin unter ständigem Rühren kurz anschwitzen.
- Mit dem Mehl überstäuben.
- Die Kartoffeln schälen und direkt in den Topf raspeln.
- Mit der Gemüsebrühe übergießen, alles gründlich verrühren und die Suppe mit geschlossenem Deckel gut zehn Minuten köcheln lassen.
- Danach die Suppe vom Herd nehmen und mit dem Pürierstab fein pürieren.
- Die Suppe zurück auf den Herd geben und den Sojadrink, den Sherry und den Essig unterrühren. Die Suppe einmal aufwallen lassen, dann die Temperatur etwas reduzieren.
- Den Safran und die Sojasahne unterrühren und die Suppe mit Salz und Pfeffer abschmecken.
- Vor dem Servieren nochmals drei bis vier Minuten köcheln lassen.
- Danach die Suppe auf vier Suppenteller verteilen und jede Portion mit einem Teelöffel Olivenöl beträufeln und mit einem Esslöffel Petersilie bestreuen.

Südindische Tomatensuppe mit geröstetem Sesam

Für den gerösteten Sesam:
4 EL Sesamsamen
2 TL Schwarzkümmel
1 EL Sesamöl
1 EL Rapsöl

Für die Suppe:
4 mittelgroße Tomaten
2 Knoblauchzehen
1 l Wasser
1 kleine rote Chilischote
½ Bund glatte Petersilie
1 EL fein gehackter Ingwer
2 TL mildes Currypulver
½ TL gemahlener Kreuzkümmel
Meersalz

🕐 20 Minuten

 kleine Pfanne
Pürierstab
mittelgroßer Kochtopf

- Die Sesamsamen und den Schwarzkümmel in der trockenen Pfanne zwei Minuten anrösten.
- Das Sesam- und Rapsöl dazugeben und erwärmen, aber nicht kochen.
- Die Samenmischung auf der abgeschalteten Herdplatte warm halten.
- Für die **Suppe** zwei Tomaten vierteln und zusammen mit den geschälten und halbierten Knoblauchzehen mit dem Pürierstab fein pürieren.
- Das Tomaten-Knoblauch-Püree beiseite stellen.
- Das Wasser in einem mittelgroßen Kochtopf zum Kochen bringen.
- In der Zwischenzeit die verbliebenen zwei Tomaten fein würfeln.
- Die Chilischote halbieren und die Kerne entfernen.
- Die Petersilie kurz abbrausen, trockentupfen und fein hacken.
- Sobald das Wasser kocht, die gewürfelten Tomaten, den Ingwer, die halbierte Chilischote sowie das Currypulver und den Kreuzkümmel unterrühren und die Suppe fünf Minuten köcheln lassen.
- Danach das Tomaten-Knoblauch-Püree sowie die Petersilie unterrühren und die Suppe mit Salz abschmecken.

- Die Suppe weitere fünf Minuten köcheln lassen. Zum Ende der Garzeit die Chilischotenhälften entfernen.
- Zum Servieren die Suppe in Suppenteller geben und die gerösteten Samen daraufverteilen.

Diese Suppe wärmt wunderbar an nasskalten Wintertagen und hilft bei Erkältungen, die Nase wieder frei zu bekommen. Fladenbrot dazu reichen.

Spinateintopf mit Riesenbohnen und Ei · 30 Minuten

1 Zwiebel
1 EL Rapsöl
4 kleine Kartoffeln
1 Karotte
500 ml kochend heiße Gemüsebrühe
500 g tiefgekühlter Blattspinat
250 g gekochte weiße Riesenbohnen
2 EL Sojasauce
2 EL Zitronensaft
½ Bund krause Petersilie
2 Eier
1 TL Weißweinessig
1 TL Meersalz
frisch gemahlener weißer Pfeffer
frisch gemahlene Chiliflocken

großer Kochtopf
Handreibe
Zitruspresse
kleine Rührschüssel

- Die Zwiebel fein hacken und im heißen Rapsöl im Topf anschwitzen.
- Die Kartoffeln und die Karotte schälen und raspeln. Dann zu der Zwiebel geben und ebenfalls kurz anschwitzen.
- Gemüse mit der Gemüsebrühe übergießen, einmal aufwallen lassen.
- Den Blattspinat hinzufügen und bei hoher Temperatur mit geschlossenem Deckel sechs bis acht Minuten kochen.
- Riesenbohnen sowie Sojasauce und Zitronensaft hinzufügen, die Temperatur etwas reduzieren und die Suppe fünf Minuten köcheln lassen.
- In der Zwischenzeit die Petersilie kurz abbrausen, trockentupfen und fein hacken.
- Die Eier mit dem Essig und dem Salz verrühren.
- Die Petersilie und die verrührten Eier in die Suppe geben.
- Suppe noch einmal aufwallen lassen, fünf Minuten köcheln lassen.
- Zum Ende der Kochzeit mit Pfeffer und Chiliflocken abschmecken.

 Wer ganz auf tierische Produkte verzichten möchte, kann die Eier weglassen oder durch acht Esslöffel pürierten Tofu ersetzen.

Dressings, Cremes und Würzmittel

Avocado-Dijon-Dressing

 15 Minuten

1 reife Avocado
Saft einer halben, kleinen Zitrone
2 TL Dijonsenf
100 ml Soja-, Reis- oder Haferdrink
2 EL Hefeflocken
2 EL fein gehackter Dill
Meersalz
frisch gemahlener weißer Pfeffer

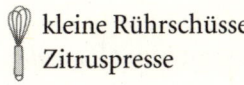 kleine Rührschüssel
Zitruspresse

- Die Avocado halbieren, den Kern entfernen und das Fruchtfleisch auslöffeln.
- Das Fruchtfleisch mit einer Gabel zermusen und den Rest der Zutaten unterrühren.
- Nach Belieben noch mit Salz und Pfeffer abschmecken.

 Das Dressing schmeckt gut zu Tomaten- oder Gurkensalaten oder zu gemischten Salaten.
Wie alle Gerichte mit Avocado sollte es schnell verbraucht werden.

Basilikumpesto mit Tofu

 15 Minuten

100 g Tofu (natur)
100 g Sonnenblumenkerne
2 Knoblauchzehen
2 EL Zitronensaft
2 EL Olivenöl
100 ml kalte Gemüsebrühe
50 g fein gehacktes Basilikum
4 EL Hefeflocken
Meersalz
frisch gemahlener weißer Pfeffer

hochwandiges Rührgefäß
Pürierstab
Zitruspresse

- Den Tofu kurz abspülen, in Küchenkrepp einschlagen und das überschüssige Wasser vorsichtig auspressen. Danach grob würfeln.
- Den Knoblauch schälen und zusammen mit den restlichen Zutaten bis auf das Salz und den Pfeffer in ein hochwandiges Rührgefäß geben.
- Mit dem Pürierstab zu einer glatten Creme verarbeiten.
- Mit Salz und Pfeffer abschmecken.

 Das Pesto kann wie jedes andere Pesto verwendet werden und hält sich in einem verschließbaren Gefäß im Kühlschrank etwa eine Woche.

Cashewcreme

150 g geröstete Cashewkerne
200 g Tofu (natur)
125 ml Soja-, Reis- oder Haferdrink
1 EL Weißweinessig
2 EL Rapsöl
frisch gemahlener weißer Pfeffer
Meersalz

🕑 10 Minuten

 Küchenmaschine

- Die Cashewkerne in den Mixbehälter der Küchenmaschine geben und staubfein zerkleinern.
- Den Tofu kurz abspülen, in Küchenkrepp einschlagen und das überschüssige Wasser vorsichtig auspressen. Danach grob würfeln.
- Die Tofuwürfel zusammen mit dem Sojadrink, dem Weißweinessig und dem Rapsöl ebenfalls in den Mixbehälter geben und das Ganze zu einer glatten Creme pürieren.
- Die Creme mit Pfeffer und eventuell mit noch etwas Salz abschmecken.

Die Cashewcreme eignet sich als Dip, als Teil einer Füllung für Pitabrote oder als Brotaufstrich.
Mit etwas Soja- oder Reismilch verlängert kann sie auch als Dressing für Nudel-, Kartoffel- oder Reissalate verwendet werden.

Cremiges Gartendressing

 10 Minuten

1 Schalotte
1 Knoblauchzehe (nach Wahl)
1 Karotte (etwa 100 g)
1 Stück Salatgurke (etwa 100 g)
2 EL Zitronensaft
50 ml Olivenöl
1 TL Honig oder Roh-Rohrzucker
Meersalz
frisch gemahlener weißer Pfeffer

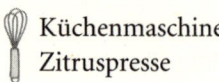 Küchenmaschine
Zitruspresse

- Die Schalotte und die Knoblauchzehe schälen und vierteln.
- Die Karotte und die Gurke schälen und grob zerkleinern. Zusammen mit den anderen Zutaten im Mixbehälter der Küchenmaschine zu einer feinen Creme verarbeiten.
- Das Dressing nach Belieben noch mit etwas Salz und Pfeffer abschmecken.

 Das Dressing schmeckt besonders gut zu allen Blattsalaten.

Cremiges Walnussdressing

 10 Minuten

100 g Tofu (natur)
100 g Walnusskerne
250 ml Soja-, Reis- oder Haferdrink
Saft einer halben Zitrone
3 EL Hefeflocken
2 EL Sojasauce
1 TL Roh-Rohrzucker
1 TL getrocknetes Basilikum
1 TL getrockneter Majoran
½ Bund Schnittlauch
1 EL Walnussöl
Meersalz
frisch gemahlener weißer Pfeffer

 Küchenmaschine
Zitruspresse

- Den Tofu kurz abspülen, in Küchenkrepp einschlagen und das überschüssige Wasser vorsichtig auspressen. Danach grob würfeln.
- Den Tofu zusammen mit den Walnüssen, dem Sojadrink sowie Zitronensaft, Hefeflocken, Sojasauce, Zucker und den getrockneten Kräutern in den Mixbehälter der Küchenmaschine geben und zu einer glatten Creme pürieren.
- Den Schnittlauch kurz abbrausen, trockentupfen und in feine Röllchen schneiden.
- Die Schnittlauchröllchen und das Walnussöl zu der Creme geben und gut verrühren.
- Mit Salz und Pfeffer abschmecken.

 Dieses Dressing harmoniert gut mit Feldsalat, dem noch grob gehackte Walnüsse oder andere Nüsse zugegeben werden. Das Dressing ergibt etwa acht Portionen und hält sich in einem verschließbaren Gefäß gut drei Tage im Kühlschrank.

Dill-Kapern-Creme

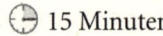 15 Minuten

200 g Tofu (natur)
1 Zwiebel
200 g gekochte weiße Bohnen
3–4 TL eingelegte Kapern
2 TL milder Senf
2 EL Zitronensaft
1 EL Sonnenblumenöl
125 ml kalte Gemüsebrühe
3 TL fein gehackter Dill
Meersalz
frisch gemahlener weißer Pfeffer

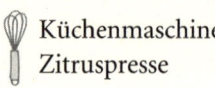 Küchenmaschine
Zitruspresse

- Den Tofu kurz abspülen, in Küchenkrepp einschlagen und das überschüssige Wasser vorsichtig auspressen.
- Den Tofu und die Zwiebel grob würfeln.
- Alle Zutaten bis auf Dill, Salz und Pfeffer in den Mixbehälter der Küchenmaschine geben und zu einer glatten, streichfähigen Creme verarbeiten.
- Den Dill unterrühren und die Creme mit Salz und Pfeffer herzhaft abschmecken.

 Dieser Dip schmeckt gut zu Vollkorncrackern oder zu knusprigem Baguette, kann aber auch, eventuell mit etwas kalter Gemüsebrühe oder Wasser gestreckt, als Dressing für Salate, vor allem für Kartoffelsalat, verwendet werden.

Französisches Pistou mit Bohnen   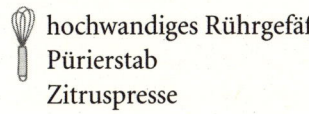 15 Minuten

200 g gekochte weiße Bohnen
2 EL fein gehacktes Basilikum
1 TL fein gehackter Thymian
1 TL fein gehackter Majoran
1 TL fein gehackter Rosmarin
1 geschälte und halbierte Knoblauchzehe
1 EL Zitronensaft
100 ml kalte Gemüsebrühe
2 EL Olivenöl
frisch gemahlener schwarzer Pfeffer

hochwandiges Rührgefäß
Pürierstab
Zitruspresse

- Alle Zutaten bis auf den Pfeffer in ein hochwandiges Rührgefäß geben und mit dem Pürierstab zu einer glatten Creme verarbeiten.
- Das Pistou mit Pfeffer abschmecken.

 Das Pistou schmeckt gut als Dip zu knackigem Sommergemüse, als Aufstrich auf knusprigem Baguette und zum Anmachen von gekochten, grünen Bohnen.
In einem verschließbaren Gefäß hält es sich im Kühlschrank etwa vier Tage.

Hausgemachte Mayonnaise    10 Minuten

<table>
<tr><td>

50 ml Sojadrink
50 ml Olivenöl
70 ml Rapsöl
1 TL mittelscharfer Senf
½ – 1 TL Honig oder Roh-Rohrzucker
Meersalz
2 EL Zitronensaft

</td><td>

 hochwandiges Rührgefäß
Pürierstab
Zitruspresse
kleine Schüssel

</td></tr>
</table>

- Den Sojadrink in ein hochwandiges Rührgefäß geben.
- Das Öl in einem dünnen Strahl dazugießen, dabei den Pürierstab ohne Unterbrechung laufen lassen. So lange mixen, bis die Flüssigkeit etwas eindickt.
- Den Senf, Honig und etwas Salz dazugeben und nochmals mixen.
- Den Zitronensaft dazugeben, wodurch die Mayonnaise augenblicklich eindickt.
- Die Mayonnaise weitere zwei bis drei Minuten mit dem Pürierstab bearbeiten, dann zum Servieren in eine kleine Schüssel umfüllen.

Bitte unbedingt einen **Pürierstab** und **nicht** ein elektrisches Handrührgerät verwenden, weil das Rezept damit nicht funktioniert! Das Verhältnis von Olivenöl zu Rapsöl kann nach Belieben verändert oder auch jedes andere hochwertige Pflanzenöl verwendet werden.
Variation: Sie können auch Tomaten-Basilikum-Mayonnaise herstellen. Dazu die hausgemachte Mayonnaise nach Rezept zubereiten und vier Esslöffel Tomatenmark, (nach Belieben) einen Esslöffel Cognac und zwei Esslöffel fein gehacktes Basilikum unterrühren. Die Zubereitungszeit verlängert sich um fünf Minuten.

Herzhafte Bohnencreme mit Chili

🕐 10 Minuten

250 g gekochte weiße Bohnen
4 EL feine Haferflocken
6 EL Hefeflocken
2 TL Tahin
2 TL milder Senf
1 EL Zitronensaft
6 EL Sonnenblumenkerne
2 geschälte und geviertelte Knoblauchzehen
    (nach Wahl)
1 getrocknete Chilischote
100 ml kalte Gemüsebrühe

🥄 Küchenmaschine
Zitruspresse

- Alle Zutaten in den Mixbehälter der Küchenmaschine geben und so lange pürieren, bis eine glatte Creme entstanden ist.

Diese herzhafte Creme schmeckt pur zu geröstetem Toast oder Knoblauchbrot.
Außerdem kann man sie zum Überbacken von herzhaften Aufläufen oder Lasagne sowie als weiße Pizzasauce verwenden.

Mandelmayonnaise

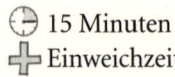 15 Minuten
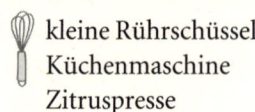 Einweichzeit

150 g Mandeln
kochend heißes Wasser zum Einweichen
1 TL Meersalz
2 geschälte und halbierte Knoblauchzehen
  (nach Wahl)
3 EL Hefeflocken
Saft einer halben, kleinen Zitrone
50 ml Rapsöl
100 ml kaltes Wasser

kleine Rührschüssel
Küchenmaschine
Zitruspresse

- Die Mandeln mit kochend heißem Wasser übergießen, **eine Viertelstunde ruhen lassen,** dann das Wasser abgießen und die Mandeln enthäuten.
- Die Mandeln zusammen mit den restlichen Zutaten in den Mixbehälter der Küchenmaschine geben und zu einer feinen Creme pürieren. Dabei des Öfteren die Mandelmasse mit einem Spatel oder Löffel von den Gefäßwänden nach unten drücken, sodass die Zutaten gleichmäßig zerkleinert werden.

Die Mandelmayonnaise kann wie jede andere handelsübliche Mayonnaise verwendet werden. Durch die Zugabe von frischen Kräutern und/oder fein gewürfelten Cornichons sowie Schalotten kann sie geschmacklich noch verfeinert werden.
Wenn anstelle des Rapsöls Olivenöl und mehr Knoblauch verwendet werden, erhält man eine Aïoli auf Mandelbasis.
Die Mandelmayonnaise hält sich in einem verschließbaren Gefäß im Kühlschrank gut eine Woche.

Mandelparmesan

 5 Minuten

200 g blanchierte und gemahlene Mandeln
50 g Hefeflocken
50 g Semmelbrösel
1–2 TL grobes Meersalz

 Küchenmaschine

- Die Zutaten im Mixbehälter der Küchenmaschine staubfein zerkleinern.
- Der Mandelparmesan ist in einem verschließbaren Gefäß im Kühlschrank mindestens zwei Wochen haltbar.

 Wenn keine blanchierten und gemahlenen Mandeln zur Hand sind, schmeckt der Mandelparmesan auch mit gemahlenen, aber unblanchierten Mandeln.
Anstelle von Mandeln können auch Cashewkerne verwendet werden.
Der Mandelparmesan kann durch die Zugabe von folgenden Zutaten geschmacklich verfeinert werden:
- 1 EL getrocknete Dulse (Rotalge)
- 2 TL getrockneter Majoran
- 2 EL fein gehackte italienische Kräuter
- 1 EL mildes Miso

Mediterran marinierter Tofu

 10 Minuten
Zeit zum Marinieren

250 g Tofu (natur)
2 kleine rote Zwiebeln

Handhobel
mittelgroße Schüssel
mit Deckel

Für die Marinade:
220 ml Olivenöl
3 – 4 EL Aceto Balsamico
2 EL Zitronensaft
2 – 3 durchgepresste Knoblauchzehen
1 fein geriebene kleine Zwiebel
2 TL mildes Paprikapulver
1 TL Meersalz
1 TL getrocknetes Basilikum
1 TL getrockneter Oregano
1 TL getrockneter Thymian
1 TL getrocknete Dillspitzen

Zitruspresse
Knoblauchpresse
Handreibe

- Den Tofu kurz abbrausen, in Küchenkrepp einschlagen und das überschüssige Wasser vorsichtig auspressen. Danach in mundgerechte Würfel schneiden.
- Die roten Zwiebeln in feine Ringe hobeln.
- Die Zutaten für die **Marinade** in einer mit einem Deckel verschließbaren Schale oder Schüssel verrühren.
- Die Tofuwürfel dazugeben und so lange vorsichtig untermischen, bis der Tofu ganz von der Marinade überzogen ist.
- Die Zwiebelringe daraufverteilen und mit etwas Marinade beträufeln.
- Den Deckel schließen und das Ganze **zwei Tage** im Kühlschrank **ziehen lassen.**

 Wie Feta zu griechischem Salat oder auch zum Überbacken verwenden.
Reste der Marinade können als Dressing für mediterrane Salatzubereitungen verwendet werden.

Sahne-Senf-Dressing

 10 Minuten

100 ml Soja- oder Hafersahne
2 TL grobkörniger Senf
2 EL Hefeflocken
2 EL fein gehackte krause Petersilie
2 EL fein gehackter Schnittlauch
1 EL Rapsöl
1 TL Weißweinessig
1 TL Roh-Rohrzucker oder Honig
1 durchgepresste Knoblauchzehe
Meersalz
frisch gemahlener weißer Pfeffer

kleine Rührschüssel
Knoblauchpresse

■ Alle Zutaten außer Salz und Pfeffer zu einem cremigen Dressing verrühren und mit Salz und Pfeffer abschmecken.

 Das Dressing schmeckt zu allen knackigen Blattsalaten, aber auch zu Wintersalaten, die zum Beispiel mit Chinakohl, Feldsalat oder Chicorée zubereitet werden.
In einem verschließbaren Gefäß hält es sich im Kühlschrank zwei bis drei Tage.

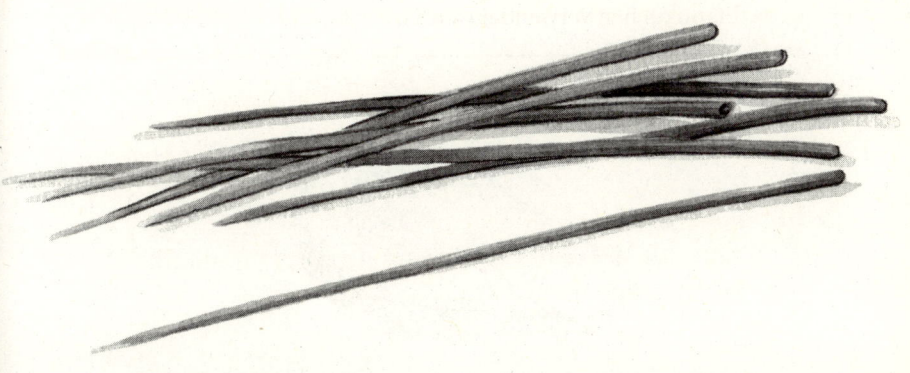

Scharfe Avocado-Tomaten-Creme

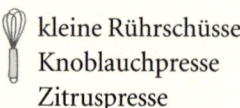 15 Minuten

½ Bund glatte Petersilie
1 rote Zwiebel
2 Tomaten
2 reife Avocados
2 Knoblauchzehen
Saft einer halben Zitrone
100 ml Soja- oder Hafersahne
Meersalz
frisch gemahlene Chiliflocken

kleine Rührschüssel
Knoblauchpresse
Zitruspresse

- Die Petersilie kurz abbrausen, trockentupfen und fein hacken.
- Die Zwiebel fein hacken und die Tomaten würfeln.
- Die Avocados halbieren, die Kerne entfernen und das Fruchtfleisch aus-löffeln.
- Das Fruchtfleisch mit einer Gabel zermusen.
- Die Petersilie, die gehackte Zwiebel und die Tomatenwürfel sowie die durchgepressten Knoblauchzehen, den Zitronensaft und die Sojasahne unterrühren.
- Die Creme mit Meersalz und Chiliflocken herzhaft abschmecken.

 Diese Creme schmeckt gut zu Toast oder auch zu in der Pfanne mit etwas Olivenöl angerösteten Baguette- oder Ciabattascheiben. Sie kann aber auch als Füllung für herzhafte Pfannkuchen verwendet werden.

Schmelzcreme zum Überbacken

 10 Minuten

1 Knoblauchzehe
½ TL Meersalz
1 TL mittelscharfer Senf
1 TL mildes Paprikapulver
2 EL Weizenmehl (Type 1050)
2 EL Speisestärke
1 EL Zitronensaft
6 EL Hefeflocken
250 ml kaltes Wasser

hochwandiges Rührgefäß
Zitruspresse
Pürierstab
kleiner Kochtopf

- Die Knoblauchzehe schälen und vierteln.
- Alle Zutaten bis auf das Wasser in ein hochwandiges Rührgefäß geben.
- In kleinen Portionen das Wasser dazugießen und die Creme mit dem Pürierstab gründlich pürieren.
- Die Creme in einen kleinen Kochtopf umfüllen und unter ständigem Rühren einmal aufwallen lassen. Eine Minute weiterkochen, dann vom Herd nehmen.

> Die Creme kann sofort zum Überbacken von Pizza oder Aufläufen weiterverwendet werden.
> Sie kann aber auch in eine kleine Schüssel gefüllt und im Kühlschrank durchgekühlt werden. Durch das Kühlen wird sie fester. Die Schmelzcreme hält sich in einem verschließbaren Gefäß im Kühlschrank etwa eine Woche.

Schnittlauch-Erdnuss-Dressing

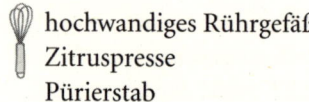 10 Minuten

½ Bund Schnittlauch
50 ml Rapsöl
3 TL mittelscharfer Senf
2 EL Erdnuss- oder Mandelmus
Saft einer Zitrone
2 EL Sojasauce
1 EL Honig oder Roh-Rohrzucker
Meersalz
frisch gemahlener weißer Pfeffer

hochwandiges Rührgefäß
Zitruspresse
Pürierstab

- Den Schnittlauch abbrausen, trockentupfen und in feine Röllchen schneiden.
- Alle anderen Zutaten, außer Salz und Pfeffer, in ein hochwandiges Rührgefäß geben und mit dem Pürierstab zu einer geschmeidigen Creme verarbeiten.
- Den Schnittlauch unterrühren und das Dressing mit Salz und Pfeffer abschmecken.

 Dieses Dressing schmeckt gut zu Salaten mit Brokkoli oder Chinakohl. Für Artischockenliebhaber ist es eine würzige Abwechslung zur klassischen Kräutervinaigrette.

Tofumayonnaise

 10 Minuten

200 g Tofu (natur)
1 EL Zitronensaft
1 EL milder Senf
50 ml Olivenöl
50 ml kalte Gemüsebrühe
Meersalz
frisch gemahlener weißer Pfeffer

Küchenmaschine
  oder Pürierstab
Zitruspresse

- Den Tofu kurz abspülen, in Küchenkrepp einschlagen und das überschüssige Wasser vorsichtig auspressen. Danach grob würfeln.
- Den Tofu zusammen mit den anderen Zutaten, außer Salz und Pfeffer, im Mixbehälter der Küchenmaschine oder mit dem Pürierstab zu einer glatten Creme verarbeiten.
- Mit Salz und Pfeffer abschmecken.

 Wer die Mayonnaise etwas gehaltvoller mag, kann anstelle der kalten Gemüsebrühe 50 Milliliter Sonnenblumenöl oder 50 Milliliter Soja- oder Reismilch verwenden.
In diesem Fall mit etwas mehr Salz würzen.
Die Tofumayonnaise kann wie jede andere handelsübliche Mayonnaise verwendet werden. In einem verschließbaren Gefäß im Kühlschrank hält sie sich etwa vier Tage.

Tofuremoulade

 plus 5 Minuten

Durch die Zugabe folgender Zutaten lässt sich die Tofumayonnaise schnell zu einer schmackhaften Remoulade weiterverarbeiten:

2 fein gehackte Schalotten
3 fein gewürfelte Cornichons
2 EL fein gehackte Kapern
2 EL fein gehackter Dill
2 EL fein gehackte Petersilie

Aus Pfanne, Wok und Schmortopf

Asiatischer Gemüsewok mit Kokossauce 🕙 25 Minuten

300 g Basmatireis
kochend heißes Wasser
Meersalz
4 Frühlingszwiebeln
4 Karotten
1 rote Paprika
300 g Champignons
200 g Chinakohl
2 EL Sojaöl
150 g Bambussprossen
1 TL gemahlener Kreuzkümmel
½ TL gemahlener Koriander
½ TL gemahlenes Zitronengras
4 EL Sojasauce
1 EL Weißweinessig
400 ml Kokosmilch
2 TL Johannisbrotkernmehl
4 EL fein gehackte Petersilie
frisch gemahlene Chiliflocken
Meersalz

Wok
kleiner Kochtopf

- Den Reis in einen Topf geben, zweifingerdick mit kochend heißem Wasser übergießen, etwas salzen und bissfest garen.
- In der Zwischenzeit die Frühlingszwiebeln in dünne Scheiben, die Karotten in dünne Stifte schneiden und die Paprika würfeln.
- Champignons in Scheiben, Chinakohl in dünne Streifen schneiden.
- Das Öl in einem Wok erhitzen und die Frühlingszwiebeln darin kurz anschwitzen.
- Dann nach und nach das Gemüse in der Reihenfolge Karotten, Paprika, Champignons und Chinakohl dazugeben und bissfest garen.

- Die Bambussprossen abtropfen lassen und zum Gemüse geben.
- Mit dem Kreuzkümmel, Koriander, Zitronengras, der Sojasauce und dem Weißweinessig würzen.
- Die Kokosmilch, das Johannisbrotkernmehl und die Petersilie unterrühren und das Gemüse noch einmal gründlich erhitzen, aber nicht mehr kochen.
- Mit Chiliflocken und eventuell noch etwas Salz würzen und zusammen mit dem Reis servieren.

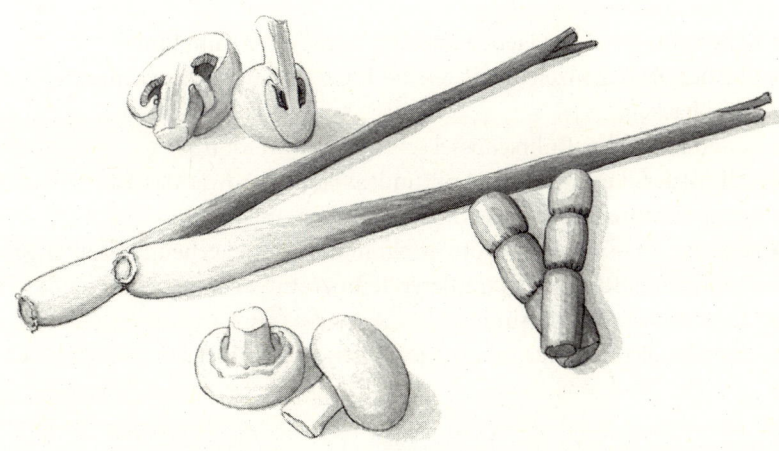

Bauernschmaus mit Ei

🕐 20 Minuten

1 große Zwiebel
4 Scheiben altbackenes Weißbrot oder Toastbrot
2 EL Olivenöl
1 Bund krause Petersilie
5 große Eier
200 ml Soja-, Reis- oder Haferdrink
100 ml Soja- oder Hafersahne
1 TL mildes Paprikapulver
½ TL rosenscharfes Paprikapulver
1–2 Knoblauchzehen (nach Wahl)
Meersalz
frisch gemahlener schwarzer Pfeffer

hochwandige Pfanne
Rührschüssel
Knoblauchpresse

- Die Zwiebel fein hacken.
- Das Brot mundgerecht würfeln.
- Das Olivenöl in einer Pfanne erhitzen und zuerst die gehackte Zwiebel darin anschwitzen.
- Die Brotwürfel dazugeben und von allen Seiten anbräunen.
- In der Zwischenzeit die Petersilie kurz abbrausen, trockentupfen und fein hacken.
- Die Eier in eine Rührschüssel schlagen und verquirlen.
- Die Petersilie, den Sojadrink und Sojasahne sowie das Paprikapulver und die durchgepressten Knoblauchzehen unterrühren.
- Die Eiermasse zu den Brotwürfeln in die Pfanne geben und unter gelegentlichem Rühren bei mittlerer Temperatur so lange schmoren lassen, bis die Eier gestockt sind.
- Den Bauernschmaus mit Salz und Pfeffer abschmecken und servieren.

Brokkoli-Hirse-Pfanne

 30 Minuten

250 g Hirse
500 ml kochend heiße Gemüsebrühe
1 Zwiebel
150 g Räuchertofu
300 g Brokkoliröschen
2 Karotten
1 EL Rapsöl
2 EL Sojasauce
1 TL mildes Currypulver
1 TL mildes Paprikapulver
1 TL gemahlene Kurkuma
1 EL Zitronensaft
4 EL fein gehackte krause Petersilie
50 g geröstete Cashewkerne
Meersalz
frisch gemahlener schwarzer Pfeffer

 mittelgroßer Kochtopf
hochwandige Pfanne
mit Deckel oder Wok
Zitruspresse

- Die Hirse kurz waschen, etwas abtropfen lassen und zehn Minuten in der kochenden Brühe vorgaren. Dann den geschlossenen Topf vom Herd nehmen und die Hirse fünfzehn bis zwanzig Minuten ausquellen lassen.
- In der Zwischenzeit die Zwiebel und den Räuchertofu fein würfeln.
- Die Brokkoliröschen in dünne Scheiben, die Karotten in dünne Stifte schneiden.
- Das Öl in einer Pfanne mit hohem Rand oder einem Wok erhitzen und zuerst die Zwiebel- und die Räuchertofuwürfel darin drei bis vier Minuten anschwitzen. Dann die Karottenstifte und die in Scheiben geschnittenen Brokkoliröschen dazugeben und mit geschlossenem Deckel in etwa fünf Minuten bissfest garen.
- Die Sojasauce, das Curry- und Paprikapulver, die gemahlene Kurkuma, den Zitronensaft und die Petersilie unterrühren.
- Die Hirse sowie die Cashewnüsse dazugeben und bei mittlerer Temperatur und häufigem Rühren noch einmal gut vermischen.
- Die Hirsepfanne mit Salz und Pfeffer abschmecken.

»Eier im Loch« mit Kräutertomaten  25 Minuten

4 Scheiben Vollkorntoast
3 EL Olivenöl
4 Eier
2 große Tomaten
1 EL fein gehackte glatte Petersilie
1 EL fein gehacktes Basilikum
1 TL fein gehackter Thymian
½ TL fein gehackter Rosmarin
Meersalz
frisch gemahlener schwarzer Pfeffer

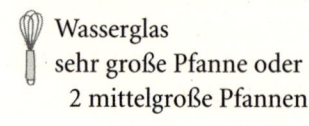

Wasserglas
sehr große Pfanne oder
2 mittelgroße Pfannen

- Mit einem umgedrehten Wasserglas vier kreisrunde Löcher aus den Toastscheiben ausstechen.
- Einen Esslöffel Olivenöl in der Pfanne erhitzen und die ausgestochenen Brotkreise darin kurz von beiden Seiten anrösten. Die gerösteten Brotkreise aus der Pfanne nehmen und warm halten.
- Weitere zwei Esslöffel Olivenöl in der Pfanne erhitzen und die vier Toastscheiben etwa zwei Minuten lang auf einer Seite anrösten.
- Dann die Toastscheiben wenden und in jedes der ausgestochenen Löcher ein aufgeschlagenes Ei gleiten lassen.
- Die Tomaten halbieren und zu den Eiern in die Pfanne geben. Die Eier und Tomaten bei mittlerer Temperatur garen, dabei die Tomaten mehrmals wenden.
- Wenn die Eier im Toast stocken, die Tomaten mit den Kräutern bestreuen und weitere drei bis vier Minuten schmoren lassen.
- Die Eier sowie Tomaten mit Salz und Pfeffer würzen und mit den gerösteten Brotkreisen servieren.

 Wenn Ihre Pfanne nicht groß genug ist, um die Toastscheiben sowie die Tomatenhälften gleichzeitig zu garen, verwenden Sie zwei Pfannen. Sie können die Tomaten jedoch auch im Backofen oder Grill zubereiten.

Geschmorter grüner Spargel mit Tomaten-Wildreis

 30 Minuten

 mittelgroßer Kochtopf
großer Schmortopf
  mit Deckel
Sparschäler

Für den Tomaten-Wildreis:
1 Zwiebel
1 EL Olivenöl
500 g Natur- und Wildreismischung
1 TL Meersalz
etwa 1 l kochend heißes Wasser
4 Tomaten
1 ½ TL getrockneter Thymian
Meersalz
frisch gemahlener weißer Pfeffer

Für den geschmorten Spargel:
800 g grüner Spargel
2 EL Olivenöl
etwa 100 ml kochend heißes Wasser
4 EL fein gehackte krause Petersilie

- Für den **Tomaten-Wildreis** die Zwiebel fein hacken und im heißen Olivenöl im Topf anschwitzen.
- Den Reis und das Salz dazugeben und ebenfalls kurz anschwitzen.
- Dann mit dem kochend heißen Wasser übergießen und zehn Minuten köcheln lassen. Dabei gelegentlich umrühren.
- Die fein gewürfelten Tomaten und den Thymian unterrühren und den Reis weitere zehn bis fünfzehn Minuten bissfest garen.
- Mit noch etwas Salz und einer Prise weißem Pfeffer würzen.
- Für den geschmorten **Spargel** die holzigen Enden der Spargelstangen abschneiden und das untere Drittel mit einem Sparschäler schälen.
- Das Olivenöl im Schmortopf erhitzen und den Spargel darin von allen Seiten etwas anbräunen.
- Den Spargel mit dem Wasser übergießen, den Deckel auflegen und in zehn bis fünfzehn Minuten bissfest garen. Danach mit Salz und weißem Pfeffer würzen und mit der Petersilie bestreuen.

Italienische Spinat-Eier-Pfanne

 30 Minuten

500 g tiefgekühlter Blattspinat
1 rote Zwiebel
3 Tomaten
1 EL Olivenöl
6 Eier
2 EL Speisestärke
100 ml sprudelndes Mineralwasser
2 Knoblauchzehen
1 EL fein gehackte Petersilie
1 EL fein gehacktes Basilikum
1 TL getrockneter Oregano
1 TL getrockneter Majoran
⅓ TL gemahlene Muskatnuss
4 EL Mandelparmesan (Rezept s. S. 111)
5 EL Tomatenmark
3 EL Olivenöl
Meersalz
frisch gemahlener schwarzer Pfeffer

kleiner Kochtopf
Durchschlag
große, hochwandige
   Pfanne oder Wok
mittelgroße
   Rührschüssel
Knoblauchpresse

- Den tiefgekühlten Blattspinat entweder über Nacht im Kühlschrank auftauen lassen oder mit eineinhalb Litern kochend heißem Wasser übergießen, fünf Minuten ruhen lassen, dann in einen Durchschlag geben und mit heißem Wasser aus dem Hahn auftauen.
- Den Spinat etwas abkühlen lassen und dann mit den Händen gut auspressen, sodass keine Restflüssigkeit mehr vorhanden ist.
- Die Zwiebel fein hacken, die Tomaten würfeln.
- Die Zwiebel im heißen Olivenöl kurz anschwitzen, dann die Tomatenwürfel dazugeben und bei hoher Temperatur etwa vier Minuten braten.
- Den Spinat dazugeben und gut verrühren. Dann die Temperatur etwas reduzieren und das Gemüse fünf Minuten köcheln lassen.
- In der Zwischenzeit die Eier mit der Speisestärke, dem Mineralwasser, den durchgepressten Knoblauchzehen, den Kräutern, der Muskatnuss, dem Mandelparmesan und dem Tomatenmark verrühren.

- Die Eiermasse über das Gemüse gießen und gut verrühren.
- Die Eier bei mittlerer Temperatur und unter gelegentlichem Rühren stocken lassen.
- Zum Ende der Garzeit das Olivenöl unterrühren und die Spinatpfanne mit Salz und Pfeffer abschmecken.
- Mit Ciabattabrot servieren.

Wenn Sie Kalorien sparen möchten, können Sie auf die zum Ende der Garzeit beigegebenen drei Esslöffel Olivenöl verzichten. Bitte beachten Sie jedoch, dass das Öl ein Geschmacksträger ist. Ohne die Ölzugabe muss die Spinatpfanne eventuell etwas nachgewürzt werden.

»Himmel und Erde«

 30 Minuten

1,2 kg Kartoffeln
500 ml kochend heißes Wasser
1 kg Äpfel (vorzugsweise Boskoop)
4 große, milde Zwiebeln
2 EL Sonnenblumenöl
1 TL Roh-Rohrzucker
Meersalz
frisch gemahlener schwarzer Pfeffer
½ TL gemahlene Muskatnuss
4 EL fein gehackte krause Petersilie

mittelgroßer Kochtopf
mittelgroße Pfanne

- Die Kartoffeln schälen, würfeln und mit dem kochend heißen Wasser übergießen. Zum Kochen bringen und mit geschlossenem Deckel zehn Minuten kochen lassen.
- In der Zwischenzeit die Äpfel vierteln, entkernen und würfeln.
- Die Zwiebeln schälen und in dünne Ringe schneiden.
- Die Apfelwürfel zu den Kartoffeln geben und weitere zehn Minuten köcheln lassen, bis die Kartoffeln fast verkocht sind und die Äpfel zu zerfallen beginnen.
- Das Sonnenblumenöl in einer Pfanne erhitzen und die Zwiebeln dazugeben. Mit dem Zucker bestreuen und die Zwiebelringe unter häufigem Rühren braun werden lassen. Mit Salz und Pfeffer abschmecken.
- Die Muskatnuss und die Petersilie unter das Kartoffel-Apfel-Mus ziehen und mit Salz und Pfeffer abschmecken.
- Mit den gebratenen Zwiebelringen servieren.

 Ein schnelles, leichtes Essen, das auch bei Kindern sehr beliebt ist.
Sollten die zum Kochen verwendeten Äpfel sehr sauer sein, das Kartoffel-Apfel-Mus mit etwas zusätzlichem Zucker süßen.

Kanarische Runzelkartoffeln mit Paprikatunke

 30 Minuten

Für die Kartoffeln:
1,5 kg kleine Kartoffeln
(am besten sogenannte »Drillinge«)
kochend heißes Wasser
3–4 EL Meersalz

mittelgroßer Kochtopf
hochwandiges Rührgefäß
Pürierstab
Zitruspresse

Für die Paprikatunke:
300 g gegrillte und eingelegte rote Paprika
1 EL Zitronensaft
4 EL Tomatenmark
3 EL Hefeflocken
2 EL Olivenöl
2 EL fein gehacktes Basilikum
2 TL mildes Paprikapulver
Meersalz
rote scharfe Chilisauce

- Die Kartoffeln gründlich waschen (nicht schälen) und in einen mittelgroßen Topf geben.
- Mit so viel kochend heißem Wasser übergießen, dass sie knapp bedeckt sind.
- Salz dazugeben und die Kartoffeln etwa fünfundzwanzig Minuten garen.
- Danach abgießen, in den Topf zurückgeben und auf der heißen Herdplatte ausdampfen lassen, bis die Schale sich runzelt.
- Für die **Paprikatunke** alle Zutaten bis auf das Salz und die Chilisauce in ein hochwandiges Rührgefäß geben und mit dem Pürierstab zu einer glatten Creme pürieren.
- Die Paprikatunke mit Salz und ein paar Spritzern roter Chilisauce abschmecken und zu den Runzelkartoffeln servieren.

 Als Beilage können zwei halbierte Salatherzen, die nach spanischer Art lediglich mit etwas Olivenöl, Sherry-Essig, Salz und Pfeffer angemacht werden, serviert werden.

Orangencurry mit Couscous

 30 Minuten

250 g Instantcouscous
1 TL Meersalz
500 ml kochend heißes Wasser
1 Zwiebel
2 EL Rapsöl
1 Zimtstange
3 ganze Nelken
½ TL ganze Senfkörner
2 TL fein gehackter Ingwer
2 Karotten
1 Zucchino
150 g tiefgekühlte grüne Erbsen
200 g gekochte Kichererbsen
2 Orangen
2–3 Knoblauchzehen
6 EL Mandelstifte
2 TL mildes Currypulver
1 TL gemahlene Kurkuma
⅓ TL gemahlener Koriander
⅓ TL gemahlener Kreuzkümmel
frisch gemahlene Chiliflocken
Meersalz

kleiner Kochtopf
Wok oder große,
   hochwandige
   Pfanne mit Deckel
Knoblauchpresse

- Den Instantcouscous mit dem Salz vermischen und mit kochend heißem Wasser übergießen. Den Couscous gut umrühren, den Topfdeckel auflegen und zehn Minuten quellen lassen.
- In der Zwischenzeit die Zwiebel fein hacken und im heißen Rapsöl zwei Minuten anschwitzen.
- Die Zimtstange, die Nelken, die Senfkörner und den Ingwer dazugeben und ebenfalls zwei Minuten anschwitzen. Dann die Nelken und die Zimtstange entfernen.
- Die Karotten und den Zucchino würfeln und zu der Zwiebel geben. Ebenfalls zwei Minuten anschwitzen.
- Dann die grünen Erbsen und die Kichererbsen unterrühren.

- Die Orangen gründlich schälen, sodass die weißen Häutchen mit entfernt werden. Die Orangen erst in Spalten, dann in Würfel schneiden und zu dem Gemüse geben.
- Die durchgepressten Knoblauchzehen unterrühren.
- Den Couscous, die Mandelstifte sowie die Gewürze dazugeben. Den Deckel auflegen und das Orangencurry zehn Minuten bei mittlerer Temperatur und gelegentlichem Rühren köcheln lassen.
- Kurz vor dem Servieren mit Chiliflocken und Salz abschmecken.

Pochierte Eier mit Bohnen auf Westernart

 25 Minuten

kleiner Kochtopf
hochwandige Pfanne
Knoblauchpresse

Für die Bohnen:
1 rote Zwiebel
1 EL Rapsöl
250 g gekochte Kidneybohnen
1 Knoblauchzehe
150 ml kochend heißes Wasser
2 TL schwarze Melasse oder Waldhonig
140 g Tomatenmark
1 MSP gemahlenes Piment
½ TL gemahlener Kreuzkümmel
1 TL mildes Paprikapulver
2 Spritzer grüne, milde Chilisauce
Meersalz
frisch gemahlener schwarzer Pfeffer
1 EL fein gehacktes Koriandergrün
    ersatzweise 2 EL fein gehackte glatte Petersilie

Für die pochierten Eier:
1 l kaltes Wasser
1 EL Apfel- oder Weißweinessig
4 frische Eier

- Für die **Bohnen** die Zwiebel fein hacken und in einem kleinen Topf im heißen Rapsöl zwei Minuten bei hoher Temperatur anschwitzen.
- Die Kidneybohnen sowie die durchgepresste Knoblauchzehe dazugeben und mit dem Wasser übergießen.
- Die schwarze Melasse oder den Honig, das Tomatenmark, das Piment, den Kreuzkümmel und das Paprikapulver unterrühren und die Bohnen zehn Minuten köcheln lassen.
- Danach die Bohnen mit der grünen Chilisauce sowie Salz und Pfeffer würzen und das Koriandergrün unterrühren.
- Für die **pochierten Eier** das Wasser mit dem Essig in einer Pfanne mit hohem Rand zum Kochen bringen.

- Die Eier jeweils einzeln in eine Suppenkelle schlagen und vorsichtig in das kochende Wasser gleiten lassen. Die Temperatur etwas reduzieren und die Eier in etwa vier Minuten stocken lassen.
- Zum Servieren die Bohnen auf vier großen Tellern verteilen.
- Die Eier mit einem Schöpflöffel vorsichtig aus dem Wasser heben, auf etwas Küchenkrepp abtropfen lassen und auf die Bohnen geben.

 Mit Fladenbrot servieren. Dazu Tomatensalat mit Avocado-Dijon-Dressing (Rezept s. S. 101) reichen.

Provenzalischer Pilztopf   ⓘ 30 Minuten

4 Schalotten   🥄 mittelgroßer Kochtopf
2 rote Paprika   ❘ Knoblauchpresse
2 EL Olivenöl
500 g Champignons
2 Zucchini (etwa 400 g)
100 g Staudensellerie
4 EL Weizenmehl (Type 1050)
200 ml trockener Weißwein
    ersatzweise Gemüsebrühe mit 1 EL Zitronensaft
2 EL fein gehacktes Basilikum
2 TL getrockneter Thymian
2–3 Knoblauchzehen
6 EL gemahlene Mandeln
100 ml Soja- oder Hafersahne
Meersalz
frisch gemahlener schwarzer Pfeffer

- Die Schalotten und die Paprika fein würfeln.
- Das Olivenöl im Topf erhitzen und zuerst die Schalotten darin kurz bei hoher Temperatur anschwitzen. Dann die Paprikawürfel dazugeben und ebenfalls kurz anschwitzen.
- Die Champignons putzen und vierteln.
- Die Zucchini der Länge nach halbieren, dann in dünne Halbmonde schneiden.
- Den Staudensellerie würfeln.
- Die Champignons zu den Schalotten in den Topf geben und drei bis vier Minuten unter häufigem Rühren braten.
- Dann die Zucchinischeiben und den Staudensellerie dazugeben und weitere drei Minuten kräftig braten.
- Die Temperatur etwas reduzieren. Das Gemüse mit dem Weizenmehl überstäuben und gut vermischen.
- Mit dem Weißwein ablöschen.

- Das Basilikum, den Thymian, die durchgepressten Knoblauchzehen und die Mandeln dazugeben und alles mit geschlossenem Deckel zehn Minuten schmoren lassen.
- Die Soja- oder Hafersahne unterrühren und den Pilztopf mit Salz und Pfeffer abschmecken.

 Dazu schmeckt Knoblauchbrot oder geröstetes Baguette mit französischem Pistou (Rezept s. S. 107).

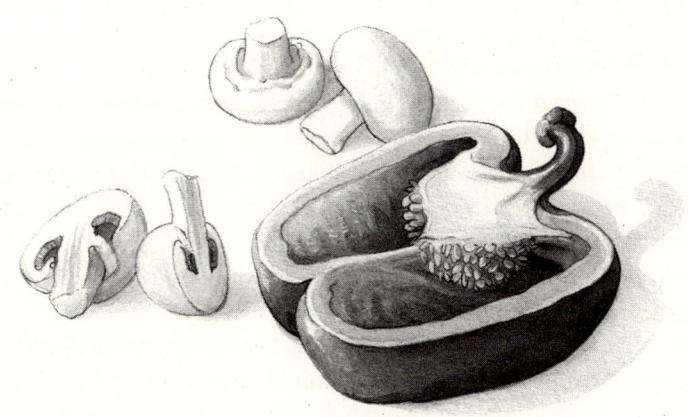

Perlweizen-Risotto mit Zucchini und Erbsen

 25 Minuten

mittelgroßer Kochtopf
Knoblauchpresse

1 Zwiebel
1 Zucchino (etwa 300 g)
2 EL Olivenöl
300 g Perlweizen
600 ml kochend heiße Gemüsebrühe
2 Knoblauchzehen
300 g tiefgekühlte grüne Erbsen
4 EL fein gehackte krause Petersilie
2 TL fein gehacktes Basilikum
2 EL Hefeflocken
6 EL gemahlene Mandeln
Meersalz
frisch gemahlener weißer Pfeffer

- Die Zwiebel fein hacken, den Zucchino der Länge nach in Scheiben schneiden, dann würfeln.
- Das Öl erhitzen und die Zwiebel darin anschwitzen.
- Den Perlweizen dazugeben und ebenfalls kurz anschwitzen, dann mit kochend heißer Gemüsebrühe übergießen.
- Bei mittlerer Temperatur und häufigem Rühren fünf Minuten kochen, dann die Zucchiniwürfel und die durchgepressten Knoblauchzehen unterrühren und weitere drei Minuten kochen.
- Die Erbsen dazugeben und vier bis fünf Minuten mitkochen lassen, bis sie bissfest gegart sind.
- Die Petersilie, das Basilikum, die Hefeflocken und die gemahlenen Mandeln unterrühren und den Risotto mit Salz und Pfeffer abschmecken.

Rosenkohl-Maronen-Schmortopf

 30 Minuten

1 kg Rosenkohl
1 Zwiebel
2 Karotten
1 EL Rapsöl
2 Lorbeerblätter
300 ml kochend heiße Gemüsebrühe
400 g fertig gegarte Maronen
½ TL gemahlene Muskatnuss
1 TL getrockneter Thymian
2 EL fein gehackte Petersilie
4 EL Weizenmehl (Type 1050)
1 EL Sojasauce
100 ml Apfelsaft
200 ml Soja-, Reis- oder Haferdrink
50 g grob gehackte Walnüsse
Meersalz
frisch gemahlener schwarzer Pfeffer

großer Kochtopf

- Den Rosenkohl putzen.
- Die Zwiebel fein hacken, die Karotten würfeln.
- Die Zwiebel im heißen Rapsöl im Topf kurz anschwitzen, dann die Karotten dazugeben und ebenfalls zwei Minuten anschwitzen.
- Den Rosenkohl und die Lorbeerblätter dazugeben und mit kochend heißer Gemüsebrühe übergießen.
- Das Gemüse bei mittlerer Temperatur und geschlossenem Deckel in etwa zehn Minuten bissfest garen.
- Danach die Maronen, die Muskatnuss, den Thymian und die Petersilie unterrühren.
- Das Gemüse mit dem Mehl überstäuben und dieses gründlich unterrühren.
- Die Sojasauce, den Apfelsaft und den Sojadrink dazugeben.
- Die Walnüsse unterrühren und das Gemüse weitere fünf Minuten bei mittlerer Temperatur schmoren lassen.
- Danach die Lorbeerblätter entfernen und mit Salz und Pfeffer würzen.

Schmelzfondue mit Kräutern

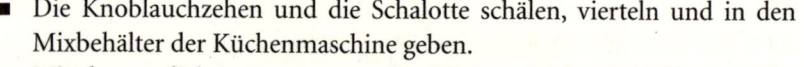 30 Minuten

2 Knoblauchzehen
1 Schalotte
250 ml trockener Weißwein
  ersatzweise ungesüßter Apfelsaft mit
  1 EL Weißweinessig
50 g Hefeflocken
40 g Instanthaferflocken (Vollkorn)
1 EL Weißweinessig
2 TL milder Senf
2 ½ TL Johannisbrotkernmehl
2 TL getrockneter Majoran
1 TL getrockneter Thymian
⅓ TL gemahlene Muskatnuss
550 ml kaltes Wasser
Meersalz
frisch gemahlener weißer Pfeffer

Küchenmaschine
Fonduetopf mit Rechaud

- Die Knoblauchzehen und die Schalotte schälen, vierteln und in den Mixbehälter der Küchenmaschine geben.
- Mit den restlichen Zutaten – außer Wasser, Salz und Pfeffer – in der Küchenmaschine zu einer flüssigen Creme pürieren.
- Dann nach und nach das Wasser dazugeben und nochmals gründlich pürieren.
- Die Creme in einen Fonduetopf umfüllen und auf dem Herd bei mittlerer Temperatur und häufigem Rühren erhitzen, bis die Creme anfängt, Blasen zu werfen und einzudicken.
- Herzhaft mit Salz und Pfeffer abschmecken.
- Das Schmelzfondue auf einem Rechaud warm halten und mit gerösteten Weißbrotwürfeln und klein geschnittenem Gemüse (zum Beispiel Champignons, Karotten, Paprika, Kirschtomaten, Zucchini) servieren.

Das Schmelzfondue lässt sich trotz der Fülle seiner Zutaten ganz fix zubereiten, wenn man alle Zutaten passend bereitstellt.

Außer dem Gemüse eignen sich auch verschiedene Obstarten (zum Beispiel Äpfel, Birnen, grüne oder blaue Trauben) zum Tunken in das Schmelzfondue.

Anstelle der gerösteten Weißbrotwürfel können auch geviertelte Pellkartoffeln gereicht werden.

Spanisches Rührei

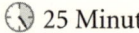 25 Minuten

1 Zwiebel
2 große grüne Paprika
4 Tomaten
kochend heißes Wasser
3 EL Olivenöl
4 große Eier
100 ml Soja- oder Hafersahne
4 EL fein gehackte krause Petersilie
2 TL mildes Paprikapulver
1 TL getrockneter Majoran
2 Knoblauchzehen
Meersalz
frisch gemahlene Chiliflocken

 hochwandige Pfanne
Rührschüssel
Knoblauchpresse

- Die Zwiebel fein hacken, die Paprika in dünne Streifen schneiden.
- Die Tomaten am Stielansatz kreuzförmig einschneiden, mit kochend heißem Wasser übergießen, kurz stehen lassen, dann abschrecken und enthäuten. Das Fruchtfleisch würfeln.
- Die Zwiebel im heißen Olivenöl in der Pfanne anschwitzen, dann die Paprika und die Tomaten dazugeben und bei mittlerer Temperatur und häufigem Rühren so lange schmoren, bis das Gemüse keinen Saft mehr abgibt.
- Die Eier mit der Sojasahne, der Petersilie, dem Paprikapulver, dem Majoran und den durchgepressten Knoblauchzehen verrühren und über das Gemüse gießen.
- Unter ständigem Rühren so lange schmoren lassen, bis die Eier gestockt sind.
- Mit Salz und gemahlenen Chiliflocken abschmecken und mit Toast oder Bauernbrot servieren.

Weißer Spargel mit Nuss-Zitronen-Pesto 🕐 30 Minuten

1,5 kg weißer Spargel
1 l kochend heißes Wasser
1 TL Meersalz
1 TL Roh-Rohrzucker
3 EL streichfähige Margarine

Sparschäler
großer Kochtopf
Küchenmaschine
kleine Rührschüssel
Zitruspresse
Servierplatte

Für das Nuss-Zitronen-Pesto:
2 Bund krause Petersilie
100 g Haselnüsse
100 g Walnusskerne
Saft einer kleinen Zitrone
2 EL Honig oder Ahornsirup
4 EL Rapsöl
Meersalz
frisch gemahlener weißer Pfeffer

- Vom Spargel die holzigen Enden abschneiden, dann die Stangen schälen.
- Den Spargel in einen Topf geben und mit dem kochend heißen Wasser übergießen.
- Das Salz und den Zucker hinzufügen.
- Den Spargel mit geschlossenem Deckel in etwa fünfzehn bis zwanzig Minuten bissfest garen.
- Für das **Nuss-Zitronen-Pesto** die Petersilie kurz abbrausen, trockentupfen und von den Stängeln zupfen.
- Die Petersilie zusammen mit den Nüssen in den Mixbehälter der Küchenmaschine geben und zerkleinern. Die Nüsse sollten danach noch »stückig« sein.
- Das Pesto in eine kleine Schüssel umfüllen und den Zitronensaft, den Honig und das Rapsöl unterrühren.
- Das Pesto mit Salz und etwas Pfeffer abschmecken.
- Spargel aus dem Kochwasser nehmen, etwas abtropfen lassen und auf eine Servierplatte geben. Die Margarine in Flöckchen daraufverteilen.
- Mit dem Pesto und feinem Nussbrot servieren.

Reis, Pizza und Pasta

Fettuccine nach Art des Alfredo

 20 Minuten

500 g Fettuccine oder andere Bandnudeln
    nach Wahl
Meersalz
½ Bund Schnittlauch
100 g Sonnenblumenkerne
250 g gegarter Gemüsemais
400 ml Soja-, Reis- oder Haferdrink
2 TL Tahin
2 TL gemahlene Kurkuma
3 EL Hefeflocken
2 EL Speisestärke
4 EL Soja-, Reis- oder Haferdrink
frisch gemahlener weißer Pfeffer
2 EL Rapsöl

Küchenmaschine
großer Kochtopf
kleiner Kochtopf
Durchschlag

- Die Fettuccine in reichlich Salzwasser bissfest garen, abgießen und warm halten.
- Den Schnittlauch kurz abbrausen, trockentupfen und in feine Röllchen schneiden.
- Die Sonnenblumenkerne im Mixbehälter der Küchenmaschine staubfein zerkleinern.
- Den Mais dazugeben und pürieren.
- Den Sojadrink nach und nach dazugießen und so lange pürieren, bis eine feine Creme entstanden ist.
- Die Creme in einen kleinen Kochtopf umfüllen und Tahin, Kurkuma und Hefeflocken unterrühren.
- Die Speisestärke mit den vier Esslöffeln Sojadrink verrühren und unter die Creme mischen.
- Die Creme zum Kochen bringen, dann zwei bis drei Minuten kochen lassen, bis sie gründlich erhitzt ist.

- Mit Salz und Pfeffer abschmecken.
- Die heiße Sauce sowie den Schnittlauch und das Rapsöl über die Nudeln geben und gut miteinander vermischen.

 Das Originalrezept für Fettuccine Alfredo wurde nach dem Zweiten Weltkrieg von Alfredo di Lelio in seinem gleichnamigen römischen Restaurant kreiert und erfreut sich noch heute großer Beliebtheit.

Für Laktoseintolerante, Milcheiweißallergiker und gesundheitsbewusste Pastafans ist es jedoch ein wahrer Albtraum, weil es aus Unmengen von Butter, Sahne und geriebenem Parmesan besteht. Angeblich hat Alfredo sogar die hausgemachten Fettuccine noch in Milch gegart…

Ich weiß nicht, was Alfredo zu dieser modernen Version seiner Sauce gesagt hätte, die ihre Cremigkeit durch das Pürieren von Mais und Sonnenblumenkernen und die goldgelbe Farbe durch die Zugabe von Kurkuma erhält. Das Rapsöl dient wie die Butter im Originalrezept als Geschmacksträger. Denn Geschmack ist auch in der modernen Sauce reichlich vorhanden, sodass trotz Verzichts auf Tiermilchprodukte mit Genuss geschlemmt werden kann.

Farfalle mit Mandel-Oliven-Sauce

🕐 25 Minuten

500 g Farfalle (Schmetterlingsnudeln) oder
andere Pasta nach Wahl
Meersalz
2 große Zwiebeln
3 EL Olivenöl
100 g entkernte schwarze Oliven
150 g gemahlene Mandeln
200 ml trockener Weißwein
ersatzweise ungesüßter Apfelsaft mit
1 EL mildem Weißweinessig
2 TL getrockneter Majoran
2 EL Hefeflocken
1 EL milder Weißweinessig
200 kochend heiße Gemüsebrühe
½ Bund krause Petersilie
frisch gemahlene Chiliflocken

großer Kochtopf
Pfanne mit hohem Rand
Durchschlag

- Die Farfalle in reichlich Salzwasser bissfest kochen, abgießen und warm halten.
- Die Zwiebeln würfeln und im heißen Olivenöl anbräunen.
- Die Oliven halbieren, zu den Zwiebeln geben und kurz anschwitzen.
- Die Mandeln dazugeben und mit dem Wein ablöschen.
- Den Majoran, die Hefeflocken, den Weißweinessig unterrühren und die Gemüsebrühe dazugeben.
- Die Sauce bei mittlerer Temperatur etwas einkochen lassen.
- In der Zwischenzeit die Petersilie kurz abbrausen, trockentupfen und fein hacken.
- Kurz vor dem Servieren die Petersilie unterrühren und die Sauce mit Salz und Chili abschmecken.
- Mit den Farfalle vermischen und sofort servieren.

Hörnchennudeln mit Rote-Bete-Sauce

🕐 30 Minuten

500 g Hörnchennudeln
Meersalz
2 rote Zwiebeln
500 g gekochte Rote Bete
2 EL Sonnenblumenöl
100 ml kochend heiße Gemüsebrühe
100 ml Orangensaft
125 ml Soja- oder Hafersahne
2 EL Aceto Balsamico
2 TL fein gehackter Dill
1 TL Roh-Rohrzucker
½ TL rosenscharfes Paprikapulver
frisch gemahlener weißer Pfeffer

🥄 großer Kochtopf
mittelgroßer
   Kochtopf
Pürierstab
Durchschlag

- Die Hörnchennudeln in reichlich Salzwasser bissfest kochen, abgießen und warm halten.
- Die Zwiebeln fein hacken, die Rote Bete würfeln.
- Die Zwiebeln im heißen Sonnenblumenöl zwei Minuten anschwitzen.
- Die Roten Bete dazugeben, mit der Gemüsebrühe übergießen, einmal aufwallen lassen, danach zwei bis drei Minuten kochen lassen.
- Den Topf vom Herd nehmen. Die Hälfte der Sauce entnehmen und warm halten.
- Den Orangesaft zur restlichen Sauce in den Topf gießen und die Sauce mit dem Pürierstab pürieren.
- Die Sojasahne, Aceto Balsamico, Dill, Roh-Rohrzucker und die verbliebene nicht pürierte Sauce dazugeben.
- Den Topf wieder auf den Herd stellen und die Sauce fünf Minuten köcheln lassen.
- Die Sauce mit rosenscharfem Paprika, Pfeffer und Salz abschmecken und zu den Hörnchennudeln servieren.

Makkaroni mit Sauce Siciliana   30 Minuten

500 g Makkaroni
Meersalz
1 Zwiebel
1 gelbe Paprika
1 EL Olivenöl
400 g geschälte Tomaten
8 getrocknete, in Öl eingelegte Tomaten
10 entkernte schwarze Oliven
10 entkernte grüne Oliven
240 g Artischockenherzen
100 ml kaltes Wasser
280 g Tomatenmark
1 TL Roh-Rohrzucker
3 Knoblauchzehen
2 EL fein gehacktes Basilikum
1 EL fein gehackte Petersilie
1 TL getrockneter Majoran
1 TL getrockneter Oregano
frisch gemahlener schwarzer Pfeffer

mittelgroßer Kochtopf
Pfanne mit hohem Rand
Durchschlag
Knoblauchpresse

- Die Makkaroni in reichlich Salzwasser bissfest kochen, abgießen und warm halten.
- Die Zwiebel fein hacken, die Paprika würfeln.
- Die Zwiebel im heißen Olivenöl anschwitzen, dann die Paprikawürfel dazugeben und ebenfalls etwa vier Minuten bei hoher Temperatur und häufigem Rühren anschwitzen.
- Die geschälten Tomaten grob zerkleinern und in die Pfanne geben.
- Die Temperatur etwas reduzieren.
- Getrocknete Tomaten in Streifen schneiden, die Oliven halbieren.
- Artischockenherzen kurz abbrausen, gut abtropfen lassen, dann vierteln.
- Die getrocknete Tomaten, Oliven und Artischockenherzen zu der Sauce geben.

- Das Wasser, Tomatenmark, den Zucker, die durchgepressten Knoblauchzehen und die Kräuter unterrühren.
- Die Sauce fünf Minuten köcheln lassen, dann mit Salz und Pfeffer
  abschmecken.
- Die Sauce mit den Makkaroni vermischen.

Paprika-Auberginen-Ragout mit Zitronenreis

 30 Minuten

mittelgroßer Kochtopf
Pfanne mit hohem Rand
Knoblauchpresse
Zitruspresse

Für den Zitronenreis:
1 EL Sonnenblumenöl
350 g Naturreis
650 ml kochend heißes Wasser
1 TL Meersalz
Saft einer halben Zitrone
1 TL abgeriebene Zitronenschale
4 EL fein gehackte krause Petersilie
frisch gemahlener weißer Pfeffer

Für das Ragout:
1 große Zwiebel
4 rote Paprika
1 Aubergine
3 EL Olivenöl
3–4 Knoblauchzehen
400 g geschälte Tomaten in Stücken
140 g Tomatenmark
50 ml trockener Sherry
    ersatzweise Gemüsebrühe oder Tomatensaft
1 TL Sherry-Essig
1 TL Rotweinessig
1 TL getrockneter Thymian
1 TL getrockneter Rosmarin
3 EL fein gehackte krause Petersilie
Meersalz
frisch gemahlener schwarzer Pfeffer

- Für den **Zitronenreis** das Sonnenblumenöl erhitzen und den Reis darin kurz anschwitzen.
- Mit dem kochend heißen Wasser übergießen, das Salz unterrühren und den Reis bei mittlerer Temperatur in zwanzig bis fünfundzwanzig Minuten bissfest garen.

- Zum Ende der Kochzeit den Zitronensaft, die abgeriebene Zitronenschale und die Petersilie unterrühren und den Reis mit einer Prise weißem Pfeffer würzen.
- Für das **Ragout** die Zwiebel fein hacken, die Paprika und Aubergine fein würfeln.
- Das Olivenöl erhitzen und die Zwiebel darin bei hoher Temperatur kurz anschwitzen, dann die Paprika- und Auberginenwürfel dazugeben und ebenfalls kurz anschwitzen.
- Die Temperatur etwas reduzieren und das Gemüse in etwa zehn Minuten bissfest garen.
- Danach die durchgepressten Knoblauchzehen, Tomaten und Tomatenmark, Sherry, Essig und die getrockneten Kräuter unterrühren. Nochmals fünf Minuten köcheln lassen.
- Danach die gehackte Petersilie hinzufügen und das Ragout mit Salz und Pfeffer abschmecken.
- Zusammen mit dem Zitronenreis servieren.

Linguine mit goldener Räuchertofusauce

 20 Minuten

500 g Linguine (schmale Bandnudeln)
Meersalz
1 große Zwiebel
2 EL Rapsöl
250 g Räuchertofu
100 ml trockener Weißwein
  ersatzweise 100 ml ungesüßter Apfelsaft mit
  einem Spritzer Zitrone
250 ml Soja- oder Hafersahne
1 TL Roh-Rohrzucker
4 EL Hefeflocken
2 TL gemahlene Kurkuma
2 TL getrockneter Oregano
⅓ TL gemahlene Muskatnuss
1 Knoblauchzehe
½ Bund krause Petersilie
6 EL grob gehackte Walnüsse
frisch gemahlener weißer Pfeffer

großer Kochtopf
Pfanne mit hohem Rand
Knoblauchpresse
Durchschlag

- Die Linguine in reichlich Salzwasser bissfest garen, abgießen und warm halten.
- Die Zwiebel fein hacken und im Rapsöl zwei Minuten bei hoher Temperatur anschwitzen.
- Den Räuchertofu fein würfeln und zu der Zwiebel geben. Von allen Seiten kross anbraten. Mit dem Weißwein ablöschen, die Temperatur etwas reduzieren und die Sojasahne, Zucker, Hefeflocken, Kurkuma, Oregano, Muskatnuss und die durchgepresste Knoblauchzehe unterrühren.
- Die Sauce fünf Minuten köcheln lassen.
- In der Zwischenzeit die Petersilie kurz abbrausen, trockentupfen und fein hacken.
- Die Petersilie und die Walnüsse zu der Sauce geben und diese mit Salz und Pfeffer abschmecken.
- Die Räuchertofusauce mit den Linguine vermischen.

Pasta mit Brokkoli, grünen Bohnen und Kräutern

400 g Farfalle (Schmetterlingsnudeln)
oder andere Pasta nach Wahl
Meersalz
400 g geputzte Brokkoliröschen
150 ml kochend heiße Gemüsebrühe
300 g geputzte grüne Bohnen
(frisch oder tiefgekühlt)
250 ml Soja- oder Hafersahne
2 EL fein gehackte krause Petersilie
2 EL fein gehackter Schnittlauch
1 EL fein gehackter Dill
1 EL fein gehackte Kresse
6 EL Sonnenblumenkerne
frisch gemahlener weißer Pfeffer

 25 Minuten

großer Kochtopf
mittelgroßer Kochtopf
Durchschlag

- Farfalle in reichlich Salzwasser bissfest kochen, dann abgießen und warm halten.
- Die Brokkoliröschen mundgerecht zerkleinern und in einen Topf geben.
- Mit der kochend heißen Gemüsebrühe übergießen. Zum Kochen bringen und zwei bis drei Minuten kochen lassen.
- Die grünen Bohnen dazugeben, die Temperatur etwas reduzieren und den Deckel auflegen. Das Gemüse bissfest garen.
- Die Sojasahne, die fein gehackten Kräuter und die Sonnenblumenkerne unterrühren und die Gemüsezubereitung mit Salz und Pfeffer abschmecken.
- Das Gemüse noch einmal gründlich erhitzen und dann mit der Pasta vermischen.

Penne Rigate mit Walnuss-Mangold-Sauce

500 Penne Rigate (kurze Röhrchennudeln)
Meersalz
100 g gemahlene Walnüsse
500 ml Soja-, Reis- oder Haferdrink
1 TL gekörnte Gemüsebrühe
2 TL getrockneter Majoran
½ TL gemahlene Muskatnuss
1 Zwiebel
500 g Mangold
2 EL Olivenöl
1 – 2 Knoblauchzehen
frisch gemahlener weißer Pfeffer
3 EL Weizenmehl (Type 1050)
5 EL grob gehackte Walnüsse

 30 Minuten

großer Kochtopf
kleiner Kochtopf
große hochwandige Pfanne
Knoblauchpresse
Durchschlag

- Die Penne Rigate in reichlich Salzwasser bissfest kochen, abgießen und warm halten.
- Die Walnüsse in einen kleinen Topf geben, den Sojadrink sowie die gekörnte Brühe, den Majoran und die Muskatnuss dazugeben und unter häufigem Rühren zum Kochen bringen. Wenn die Sauce einmal aufgekocht ist, die Temperatur reduzieren, aber weiter köcheln lassen.
- Die Zwiebel fein würfeln.
- Den Mangold in feine Streifen schneiden, gründlich waschen und etwas abtropfen lassen.
- Die Zwiebel im Olivenöl glasig dünsten, dann den Mangold dazugeben und fünf Minuten bei hoher Temperatur garen, bis er in sich zusammenfällt. Die durchgepressten Knoblauchzehen hinzufügen und mit Salz und Pfeffer abschmecken.
- Den Mangold mit dem Weizenmehl bestäuben.
- Die Walnusssauce über die Mangoldzubereitung gießen und vermischen.
- Die gehackten Walnüsse unterrühren und nochmals mit Salz und Pfeffer abschmecken.

- Die Sauce fünf Minuten köcheln lassen.
- Die gekochte Pasta in Portionen aufteilen und die Sauce daraufverteilen.

 Mit Mandelparmesan (Rezept s. S. 111) bestreut wird dieses Nudelgericht noch etwas herzhafter.
Anstelle des Mangolds kann auch frischer Spinat verwendet werden.

Spaghetti mit Rote-Linsen-Bolognese

500 g Spaghetti
Meersalz
1 Zwiebel
2 EL Olivenöl
2 Stangen Staudensellerie
2 Tomaten
2 Karotten
600 ml Tomatensaft
200 g rote Linsen
2 Knoblauchzehen
2 TL Aceto Balsamico
2 TL Roh-Rohrzucker
1 TL getrockneter Rosmarin
1 TL getrockneter Majoran
1 TL getrockneter Oregano
1 TL getrocknetes Basilikum
frisch gemahlener weißer Pfeffer

 30 Minuten

großer Kochtopf
Pfanne mit hohem Rand
Durchschlag
Handreibe
Knoblauchpresse

- Die Spaghetti in reichlich Salzwasser bissfest garen, abgießen und warm halten.
- Die Zwiebel würfeln und im heißen Olivenöl in der Pfanne zwei Minuten anschwitzen.
- Den Staudensellerie und die Tomaten fein würfeln, die Karotten fein raspeln und alles zu den Zwiebeln in die Pfanne geben.
- Das Gemüse bei hoher Temperatur und häufigem Rühren drei bis vier Minuten anschwitzen, dann mit dem Tomatensaft ablöschen.
- Die Linsen unterrühren.
- Die durchgepressten Knoblauchzehen, den Aceto Balsamico, Zucker sowie die getrockneten Kräuter dazugeben.
- Die Sauce bei mittlerer Temperatur und gelegentlichem Rühren fünfzehn Minuten köcheln lassen.
- Die Sauce zum Ende der Garzeit mit Salz und Pfeffer abschmecken und zu den Spaghetti servieren.

Zwiebelrisotto mit beschwipsten Backpflaumen

14 entkernte Backpflaumen
50 ml Zwetschgenschnaps
  ersatzweise Apfelsaft
3 Zwiebeln
2 EL Rapsöl
500 g Risottoreis
1 l kochend heiße Gemüsebrühe
2 TL getrockneter Thymian
2 TL mildes Currypulver
4 EL fein gehackte krause Petersilie
Meersalz
frisch gemahlener schwarzer Pfeffer

30 Minuten

kleine Rührschüssel
mittelgroßer Kochtopf

- Die Backpflaumen fein würfeln und mit dem Zwetschgenschnaps übergießen.
- Die Zwiebeln fein hacken und im heißen Rapsöl anschwitzen.
- Den Risottoreis einrieseln lassen und ebenfalls kurz anschwitzen, dann mit 300 Millilitern Gemüsebrühe übergießen.
- Die Backpflaumen abgießen, zum Reis geben und unterrühren.
- Den Thymian und das Currypulver dazugeben und die Brühe etwas einkochen lassen.
- Dann nach und nach in kleineren Portionen die restliche Gemüsebrühe hinzugießen, unter gelegentlichem Rühren einkochen lassen und dann erst wieder nachgießen.
- Wenn der Reis bissfest ist, die Petersilie unterrühren und den Risotto herzhaft mit Salz und Pfeffer abschmecken.

Pizza im Baukastensystem

Schneller Hefeteig für Pizza
 10 Minuten

Für vier Pizzen:
1 Würfel frische Hefe
1 EL Honig
2 TL Meersalz
3 TL getrockneter Oregano
3 EL Olivenöl
600 ml lauwarmes Wasser
1 kg Weizenmehl (Type 1050)
etwas Mehl für die Arbeitsfläche

große Rührschüssel
Nudelholz
2 Backbleche oder
  2 runde Pizzabackformen

- Die Hefe mit den Fingern zerkrümeln und in eine große Rührschüssel geben. Mit dem Honig verrühren. Die Hefe wird dadurch flüssig.
- Meersalz, Oregano, Olivenöl und Wasser zu der Hefe geben und gut verrühren.
- Unter Rühren das Weizenmehl einrieseln lassen, dann mit den Händen zu einem geschmeidigen, glatten Teig verkneten.
- Die eine Hälfte des Teigs für die spätere Verwendung in Klarsichtfolie hüllen und in den Kühlschrank (hält sich dort zwei Tage) oder in die Tiefkühltruhe geben.
- Die verbleibende Hälfte noch einmal teilen und auf einer bemehlten Arbeitsfläche zu zwei runden Pizzaböden mit einem Durchmesser von etwa 26 Zentimetern ausrollen.
- Die Pizzaböden auf zwei mit Backpapier ausgelegte Backbleche oder in zwei gefettete, runde Pizzabackformen geben.

 Es empfiehlt sich, die eine Hälfte des Teiges frisch zu verarbeiten und die andere Hälfte einzufrieren, sodass man immer Pizzateig auf Vorrat hat.
In der Tiefkühltruhe hält sich der Pizzateig etwa drei Monate.

Grundbelag I für Pizza

400 g geschälte Tomaten in Stücken
6 EL Tomatenmark
1 EL Olivenöl
1 TL Meersalz
1 durchgepresste Knoblauchzehe
3 TL getrocknete Pizzakräuter

 5 Minuten

kleine Rührschüssel
Knoblauchpresse

- Die Zutaten miteinander verrühren und auf den Pizzateig streichen.

Grundbelag II für Pizza

140 g Tomatenmark
140 ml kaltes Wasser
2 EL Olivenöl
1 EL Aceto Balsamico
2 EL fein gehacktes Basilikum
1 TL fein gehackter Rosmarin
1 TL fein gehackter Oregano
1 fein gehackter Thymian
1 TL mildes Paprikapulver
1 durchgepresste Knoblauchzehe
Meersalz
frisch gemahlener schwarzer Pfeffer

10 Minuten

kleine Rührschüssel
Knoblauchpresse

- Die Zutaten zu einer glatten Creme verrühren und auf den Pizzateig streichen.

Belagvarianten

- *2 in dünne Scheiben gehobelte Zwiebeln*
- *2 in dünne Streifen geschnittene Paprika*
- *1 in dünne Scheiben gehobelter Zucchino*
- *4 in feine Ringe geschnittene Frühlingszwiebeln*
- *4 EL frisch gehackte Gartenkräuter nach Wahl*
- *250 g fein gewürfelter Räucher- oder Kräutertofu*
- *200 g gekochte Kidneybohnen*
- *6 mild eingelegte grüne Peperoni*
- *20 entkernte schwarze oder grüne Oliven*

Käse-Ersatz

- *hausgemachte Schmelzcreme (siehe Seite 115)*
- *hausgemachtes Pesto (siehe Seite 102)*
- *6–8 EL Mandelparmesan (siehe Seite 111)*
- *4 EL Olivenöl zum Beträufeln*
- *mediterran marinierter Tofu (siehe Seite 112)*

Fertigstellen der Pizza

- Die Pizzaböden nach Belieben belegen und im Backofen bei 220 °C etwa zwanzig Minuten backen.

 Wie Sie es auch drehen und wenden: Eine Pizza benötigt, bis sie fertig auf dem Tisch steht, mehr als 30 Minuten. Dennoch muss auch in Zeitnot nicht auf diesen Genuss verzichtet werden! Pizzen sind ein Paradebeispiel, wie sich leicht in »Etappen« ein leckeres Essen zubereiten lässt. Denn Teig, Sauce und Schmelzcreme zum Überbacken nehmen es nicht übel, wenn sie zubereitet werden, wenn es zeitlich gerade passt und dann erst einmal beiseite gestellt werden. Und den Belag können Sie nicht nur nach Geschmacksvorlieben, sondern auch nach dem Zeitaufwand auswählen.

Tomatenpizza im Baukastensystem

Tofu-Öl-Teig für Pizza

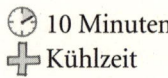 10 Minuten
Kühlzeit

150 g Tofu (natur)
2 EL Weißweinessig
6 EL Olivenöl
300 g Weizenvollkornmehl
1 TL Meersalz
1 TL Backpulver
etwa 100 ml kaltes Wasser

 hochwandiges Rührgefäß
Pürierstab
Rührschüssel

- Den Tofu kurz abbrausen, in Küchenkrepp einschlagen und das überschüssige Wasser vorsichtig auspressen. Danach grob würfeln und in ein hohes Rührgefäß geben.
- Den Essig und das Olivenöl dazugeben und den Tofu mit dem Pürierstab sehr fein pürieren.
- Das Mehl in eine Schüssel geben und mit dem Salz und dem Backpulver vermischen.
- In der Mitte eine Mulde ausformen und den pürierten Tofu hineingeben.
- Das Mehl mit dem pürierten Tofu verrühren.
- Nach und nach das Wasser dazugeben und den Teig so lange kneten, bis er geschmeidig ist.
- Den Teig zu einer Kugel ausformen, in Klarsichtfolie einwickeln und mindestens **eine Stunde oder über Nacht** im Kühlschrank **ruhen lassen.**

Tomatenbelag

 10 Minuten

1 EL fein gehacktes Basilikum
1 TL fein gehackter Thymian
1 TL fein gehackter Rosmarin
1 TL fein gehackter Majoran
½ TL fein gehackter Estragon
3 TL milder Senf
1 TL scharfer Senf
3 EL Olivenöl
3 EL Tomatenmark
3–4 Tomaten
Meersalz
frisch gemahlener schwarzer Pfeffer
3 EL Hefeflocken (nach Wahl)

 kleine Rührschüssel

- Für den Belag die fein gehackten Kräuter mit dem Senf, dem Olivenöl und dem Tomatenmark verrühren.
- Die Tomaten in dünne Scheiben schneiden.

Fertigstellen der Pizza

25 Minuten

- Den Backofen auf 250 °C vorheizen.
- Den Teig auf einer bemehlten Arbeitsfläche dünn ausrollen und auf ein mit Backpapier ausgelegtes Backblech geben.
- Die Kräuter-Senf-Creme auf den Teig streichen.
- Die Tomatenscheiben daraufverteilen.
- Die Tomatenscheiben mit Salz und Pfeffer würzen und mit den Hefeflocken bestreuen.
- Die Pizza bei 220 °C im Backofen etwa zwanzig Minuten backen.

Nudelholz
Backblech

Blätterteigpizza

 30 Minuten

100 g Rucola	Salatschleuder
500 g frischer oder aufgetauter Blätterteig	2 Backbleche
4 EL Tomatenmark	Knoblauchpresse
2 EL Olivenöl	kleine Rührschüssel
2 EL fein gehacktes Basilikum	Knoblauchpresse
1 EL fein gehackter Rosmarin	
1 TL fein gehackter Majoran	
1 TL fein gehackter Thymian	
1 Knoblauchzehe	
1 MSP Salz	
2 große Tomaten	
20 entkernte schwarze Oliven	
Meersalz	
frisch gemahlener schwarzer Pfeffer	
2 TL getrockneter Oregano	
4 EL Sonnenblumenkerne	
4 EL Olivenöl	

- Den Rucola waschen, verlesen und trockenschleudern.
- Den Blätterteig auf zwei mit Backpapier ausgelegte Backbleche legen (tiefgekühlten Blätterteig zuvor zu zwei großen Rechtecken ausrollen). Im Backofen bei 230 °C fünf Minuten vorbacken.
- In der Zwischenzeit das Tomatenmark mit dem Olivenöl, den Kräutern und der durchgepressten Knoblauchzehe verrühren. Mit Salz würzen.
- Die Tomaten in dünne Scheiben schneiden, die Oliven halbieren.
- Den vorgebackenen Blätterteig mit dem angemachten Tomatenmark bestreichen. Die Tomatenscheiben und Olivenhälften daraufverteilen.
- Den Belag mit Salz und Pfeffer würzen und mit Oregano und Sonnenblumenkernen bestreuen.
- Die Blätterteigpizzen im Backofen bei 220 °C zwölf bis fünfzehn Minuten backen.
- Dann die Pizzen aus dem Ofen nehmen und mit dem Rucola überstreuen.
- Jede Blätterteigpizza mit zwei Esslöffeln Olivenöl beträufeln und nochmals zwei bis drei Minuten in den Backofen geben.

Ofengerichte

Gebackene Auberginenscheiben

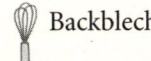 30 Minuten

Backblech

2 große Auberginen
Olivenöl
2 TL getrockneter Rosmarin
Meersalz
frisch gemahlener schwarzer Pfeffer
2 große Tomaten
1 TL getrocknetes Basilikum
etwas Olivenöl zum Beträufeln

- Den Backofen bei eingeschalteter Ober- und Unterhitze auf 250 °C vorheizen.
- Die Auberginen in etwa einen Zentimeter dicke Scheiben schneiden und von beiden Seiten großzügig mit Olivenöl einstreichen.
- Die Auberginenscheiben auf ein mit Backpapier ausgelegtes Backblech legen und mit dem Rosmarin überstreuen. Mit Salz und Pfeffer würzen.
- Die Tomaten in dünne Scheiben schneiden.
- Auf jede Auberginenscheibe eine Tomatenscheibe legen.
- Die Tomaten mit dem Basilikum bestreuen und ebenfalls mit Salz und Pfeffer würzen.
- Mit etwas Olivenöl beträufeln.
- Die Auberginenscheiben im Backofen bei Ober- und Unterhitze und 230 °C in etwa zwanzig Minuten garen.

 Falls Ihr Backofen nur mit Umluft arbeitet, sollten Sie die Auberginenscheiben bei 220 °C fünfzehn bis zwanzig Minuten backen. Kurz vor dem Servieren zwei bis drei Minuten den Grill dazuschalten.
Servieren Sie zu den Auberginenscheiben das Bohnen-Kartoffel-Püree (Rezept s. S. 64).

Backofennudeln mit italienischer Cremesauce

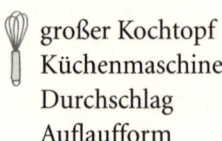

30 Minuten

großer Kochtopf
Küchenmaschine
Durchschlag
Auflaufform

500 g Nudeln nach Wahl
   (z. B. Gabelspaghetti oder Mini-Farfalle)
Meersalz

Für die Cremesauce:
1 Zwiebel
2–3 Knoblauchzehen
250 g gekochte weiße Bohnen
50 ml kaltes Wasser
400 g geschälte Tomaten in Stücken
6 EL Hefeflocken
2 EL Olivenöl
2 TL milder Senf
2 TL Tahin
1 TL Weißweinessig
3 TL getrocknete Pizzakräuter
1 TL gemahlene Kurkuma
frisch gemahlener weißer Pfeffer
Öl für die Auflaufform
6 EL Mandelparmesan (Rezept s. S. 111)

- Den Backofen auf 250 °C vorheizen.
- Die Nudeln mit kochend heißem Wasser übergießen, etwas Salz hinzufügen und zum Kochen bringen.
- In der Zwischenzeit für die **Sauce** die Zwiebel und die Knoblauchzehen schälen und vierteln.
- Zusammen mit den weißen Bohnen und dem Wasser in den Mixbehälter der Küchenmaschine geben und zu einer feinen Creme pürieren.
- Die geschälten Tomaten sowie die übrigen Zutaten für die Cremesauce unterrühren und gut vermischen.
- Die Sauce mit Salz und Pfeffer abschmecken.
- Die bissfest gegarten Nudeln in einen Durchschlag gießen, etwas abtropfen lassen und zurück in den Topf geben.

- Die Cremesauce unterrühren und das Ganze bei hoher Temperatur und häufigem Rühren gründlich erhitzen.
- Die Nudeln mit Cremesauce in eine gefettete Auflaufform geben, glatt streichen und mit dem Mandelparmesan bestreuen.
- Die Nudeln im Backofen bei 220 °C zehn bis zwölf Minuten überbacken, bis der Mandelparmesan etwas gebräunt ist.

Blumenkohl-Kichererbsen-Gratin

 30 Minuten

Für das Gratin:
1 Blumenkohl
300 ml kochend heißes Wasser
4 Tomaten
250 g gekochte Kichererbsen
1 EL Rapsöl
2 Knoblauchzehen
3 EL fein gehackte krause Petersilie
Meersalz
frisch gemahlener weißer Pfeffer
etwas Rapsöl für die Auflaufform

mittelgroßer Kochtopf
kleine Rührschüssel
Knoblauchpresse
Auflaufform

Für die Sauce:
200 ml Soja- oder Hafersahne
4 EL Semmelbrösel
2 EL Hefeflocken
1 TL gemahlene Kurkuma
1 TL mildes Paprikapulver
2 MSP gemahlene Muskatnuss
Meersalz
frisch gemahlener weißer Pfeffer

- Den Backofen auf 250 °C vorheizen.
- Für das **Gratin** den Blumenkohl in kleine Röschen teilen und in einen mittelgroßen Topf geben.
- Mit dem kochend heißen Wasser übergießen und den Blumenkohl mit geschlossenem Deckel in etwa zehn Minuten bissfest garen. Der Blumenkohl sollte noch richtig knackig sein.
- In der Zwischenzeit die Tomaten würfeln.
- Die Kichererbsen abspülen und gut abtropfen lassen.
- Wenn der Blumenkohl bissfest gegart ist, das verbleibende Kochwasser abgießen.
- Den Blumenkohl wieder zurück auf den Herd geben und das Rapsöl unterrühren.

- Die Tomaten, die Kichererbsen und die durchgepressten Knoblauchzehen dazugeben, gut vermischen und nochmals drei bis vier Minuten bei hoher Temperatur kochen.
- Danach die Petersilie unterrühren und das Gemüse mit Salz und Pfeffer abschmecken.
- Für die **Sauce** alle Zutaten gut miteinander verrühren und herzhaft mit Salz und Pfeffer abschmecken.
- Das Gemüse in eine gefettete Auflaufform geben und die Sauce daraufverteilen.
- Im Backofen bei 230 °C etwa fünf Minuten überbacken. Wenn möglich, in der letzten Minute den Grill oder die Oberhitze dazuschalten.
- Mit Kartoffeln, Reis oder Fladenbrot servieren.

Chicoréeauflauf mit Linsen-Senf-Kruste

 30 Minuten

 mittelgroßer Kochtopf
kleiner Kochtopf
Auflaufform

Für den Auflauf:
1 Zwiebel
650 g Chicorée (etwa 4 Stück)
1 EL Rapsöl
4 EL Weizenmehl (Type 1050)
150 ml trockener Weißwein
    ersatzweise Gemüsebrühe
2 EL Hefeflocken
1 EL Weißweinessig
3 EL fein gehackte krause Petersilie
200 ml Soja- oder Hafersahne
Meersalz
frisch gemahlener weißer Pfeffer

Für die Linsen-Senf-Kruste:
250 g gekochte braune Linsen
200 ml kochend heiße Gemüsebrühe
3 EL mittelscharfer Senf
1 TL getrockneter Thymian
1 TL getrockneter Estragon
6 EL Semmelbrösel
2 EL Sojasauce
frisch gemahlener schwarzer Pfeffer
Rapsöl für die Auflaufform

- Den Backofen auf 250 °C vorheizen.
- Für den **Auflauf** die Zwiebel fein hacken.
- Die Chicorée der Länge nach halbieren und den bitteren Strunk keilförmig herausschneiden. Dann in dünne Streifen schneiden.
- Die Zwiebel im heißen Rapsöl kurz anschwitzen, dann den Chicorée dazugeben und drei bis vier Minuten bei hoher Temperatur und häufigem Rühren anbraten, bis er weich ist und in sich zusammenfällt.

- Das Gemüse mit dem Weizenmehl überstäuben, gut verrühren und mit dem Weißwein ablöschen.
- Die Hefeflocken, den Essig und die Petersilie unterrühren.
- Die Sojasahne dazugeben und das Chicoréegemüse noch einmal aufkochen lassen. Mit Salz und Pfeffer abschmecken und zwei bis drei Minuten köcheln lassen.
- Für die **Linsen-Senf-Kruste** die Linsen mit der Gemüsebrühe übergießen und zum Kochen bringen. Einmal aufkochen lassen, dann die Temperatur etwas reduzieren und den Senf, Thymian und Estragon sowie die Semmelbrösel und die Sojasauce unterrühren.
- Mit Pfeffer abschmecken und zwei bis drei Minuten köcheln lassen.
- Das Chicoréegemüse in eine gefettete Auflaufform füllen.
- Die Linsen-Senf-Mischung darübergeben und glatt streichen. Im Backofen bei 230 °C etwa zehn Minuten überbacken.

Gefüllte Teigtaschen
auf mexikanische Art

 30 Minuten

mittelgroße Pfanne
Knoblauchpresse
Backblech

1 kleine Zwiebel
2 kleine rote Paprika
1 EL Olivenöl
8 entkernte schwarze Oliven
4 EL gegarter Gemüsemais
4 EL Tomatenmark
2 EL Soja- oder Hafersahne
2 EL Hefeflocken
1 Knoblauchzehe (nach Wahl)
1 TL getrockneter Thymian
1 TL getrockneter Majoran
½ TL getrockneter Rosmarin
Meersalz
frisch gemahlene Chiliflocken
250 g Blätterteig (frisch oder aufgetaut)

- Den Backofen auf 250 °C vorheizen.
- Die Zwiebel und die Paprika fein würfeln und im heißen Olivenöl bei hoher Temperatur und häufigem Rühren kurz anschwitzen.
- Die Oliven halbieren und zusammen mit dem Mais in die Pfanne geben.
- Das Tomatenmark, die Sojasahne, Hefeflocken, die durchgepresste Knoblauchzehe und die getrockneten Kräuter unterrühren.
- Mit Salz und Chiliflocken abschmecken, dann die Füllung zwei bis drei Minuten köcheln lassen. Anschließend die Pfanne vom Herd nehmen.
- Den Blätterteig zu einem Rechteck ausrollen und vierteln.
- Die Füllung jeweils auf der kurzen Seite der Teigrechtecke verteilen, dann den Teig umklappen, sodass eine Tasche entsteht. Die Ränder gut zusammendrücken.
- Die Teigtaschen auf ein mit Backpapier ausgelegtes Backblech legen und im Backofen bei 230 °C etwa fünfzehn Minuten backen, bis sie leicht gebräunt sind.

Bei der Verarbeitung von frischem Blätterteig empfiehlt es sich normalerweise, die Füllung vor dem Kontakt mit dem Blätterteig abkühlen zu lassen.

Die Wartezeit für die Kühlung kann man jedoch umgehen, indem man den Blätterteig vor der Verarbeitung sehr gut im Kühlschrank durchkühlen lässt. Eine weitere Alternative ist, ihn zehn Minuten vor Gebrauch in die Tiefkühltruhe zu legen. Tiefgekühlten Teig nicht vollständig auftauen lassen.

Gratinierter Chicorée

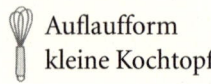 30 Minuten

4 große Chicorée (etwa 800 g)
Öl für die Auflaufform
120 ml kochend heiße Gemüsebrühe
4 Tomaten
Meersalz
frisch gemahlener weißer Pfeffer

Auflaufform
kleine Kochtopf

Für die Gratinsauce:
25 g Hefeflocken
3 EL Kichererbsenmehl
1 TL Johannisbrotkernmehl
1 TL getrocknete Zwiebeln
½ TL getrockneter Thymian
1 TL getrockneter Majoran
2 EL Tahin
2 EL Tomatenmark
2 EL Weißweinessig
1 EL Rapsöl
1 TL scharfer Senf
250 ml kochend heißes Wasser
50 ml Soja-, Reis- oder Haferdrink
Meersalz

- Den Backofen auf 250 °C vorheizen.
- Die Chicorée vierteln (bei sehr dickem Chicorée sechsteln), den bitteren Strunk keilförmig herausschneiden und die Chicorée in eine rechteckige, gefettete Auflaufform schichten.
- Die Chicorée mit der Gemüsebrühe übergießen.
- Die Tomaten in dünne Scheiben schneiden und auf dem Chicorée verteilen.
- Mit Salz und Pfeffer würzen.
- Die Chicorée mit Alufolie abdecken und bei 230 °C etwa zwanzig Minuten im Backofen garen.

- In der Zwischenzeit für die **Sauce** die trockenen Zutaten in einem kleinen Kochtopf miteinander verrühren.
- Die restlichen Zutaten bis auf das Wasser und den Sojadrink dazugeben und ebenfalls gut verrühren.
- Zuerst das Wasser und dann den Sojadrink dazugießen und so lange rühren, bis eine glatte Creme entstanden ist.
- Den Topf auf den Herd geben und die Sauce unter ständigem Rühren einmal aufkochen lassen.
- Die Temperatur etwas reduzieren und die Sauce unter weiterem Rühren zwei Minuten köcheln lassen.
- Falls gewünscht, die Sauce mit etwas Salz abschmecken.
- Die Sauce auf den Tomatenscheiben verteilen und glatt streichen.
- Das Chicoréegratin im Backofen bei 230 °C Oberhitze oder Grill noch drei bis vier Minuten überbacken.

Gratinierte Zucchinischnitzel auf griechische Art

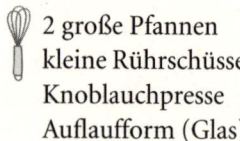 30 Minuten

4 Zucchini
Olivenöl
Meersalz
frisch gemahlener schwarzer Pfeffer
Fett für die Form
200 g Tofu (natur)
4 EL Tomatenmark
2 EL Aceto Balsamico
2 Knoblauchzehen
2 TL mildes Paprikapulver
½ TL rosenscharfes Paprikapulver
4 EL fein gehacktes Basilikum
6 mild eingelegte grüne Peperoni

2 große Pfannen
kleine Rührschüssel
Knoblauchpresse
Auflaufform (Glas)

- Den Backofen auf 250 °C vorheizen.
- Die Zucchini in der Mitte halbieren, dann der Länge nach in dünne Scheiben schneiden und diese in reichlich Olivenöl bei hoher Temperatur von beiden Seiten braten. Die Zucchinischnitzel mit Salz und Pfeffer würzen und in eine gefettete Auflaufform geben.
- Den Tofu kurz abbrausen, in Küchenkrepp einschlagen und das überschüssige Wasser vorsichtig herauspressen. Danach mit einer Gabel oder mit den Fingerspitzen fein zerkrümeln.
- Den Tofu mit dem Tomatenmark, dem Aceto Balsamico, den durchgepressten Knoblauchzehen, dem Paprikapulver und dem Basilikum verrühren.
- Mit Salz und Pfeffer abschmecken.
- Den angemachten Tofu auf den Zucchinischnitzeln verteilen und glatt streichen.
- Die Peperoni auf den Tofu legen.
- Im Backofen bei maximaler Oberhitze oder Grill etwa fünf Minuten gratinieren, bis der Tofu leicht gebräunt ist.

Am schnellsten ist dieses Gericht zubereitet, wenn man mit zwei Pfannen arbeitet und mit dem Olivenöl zum Braten nicht spart.

Als Auflaufform eignet sich am besten eine Glasform, die man auf die warme Herdplatte stellt. So kühlen die Zucchinischnitzel während der Zubereitung nicht aus.

Gratinierter Pilz-Tomaten-Toast

 30 Minuten

4 Scheiben Vollkorntoast
Öl für die Form
500 g braune Champignons
4 Tomaten
1 EL Olivenöl
2 EL Weizenmehl (Type 1050)
2 TL getrockneter Thymian
1 TL getrockneter Rosmarin
4 EL Hefeflocken
Meersalz
frisch gemahlener weißer Pfeffer
50 g Semmelbrösel
2 EL fein gehackte krause Petersilie
2 EL Olivenöl
1 TL mildes Paprikapulver
2 MSP Meersalz

 Toaster
Auflaufform
hochwandige Pfanne
kleine Rührschüssel

- Den Backofen auf 200 °C vorheizen.
- Die Toastscheiben im Toaster leicht bräunen und in eine gefettete Auflaufform legen.
- Die Champignons in Scheiben, die Tomaten in Spalten schneiden.
- Das Olivenöl in der Pfanne erhitzen und die Champignons darin kurz anschwitzen.
- Die Tomatenspalten dazugeben und das Gemüse etwa fünf Minuten garen, bis die Champignons weich sind und die Tomatenspalten zu zerfallen beginnen.
- Das Gemüse mit dem Mehl überstäuben und gut verrühren.
- Mit dem Thymian und Rosmarin sowie den Hefeflocken würzen und mit Salz und Pfeffer abschmecken. Weitere fünf Minuten köcheln lassen.
- Danach das Gemüse auf den Toastscheiben verteilen.
- Die Semmelbrösel mit der Petersilie, dem Olivenöl, dem Paprikapulver und dem Salz vermischen. Über die Toastscheiben streuen.
- Die Toastscheiben im Backofen bei 200 °C Oberhitze etwa fünf Minuten gratinieren.

Provenzalisches Tomatengratin

 30 Minuten

3 Schalotten
4 Zucchini
500 g Kirschtomaten
2 EL Olivenöl
15 entkernte schwarze Oliven
2 Knoblauchzehen
2 TL getrocknete Kräuter der Provence
Meersalz
frisch gemahlener schwarzer Pfeffer
6 EL Semmelbrösel
4 EL Pinienkerne
2 EL Olivenöl
2 EL fein gehacktes Basilikum
2 TL mildes Paprikapulver
etwas Olivenöl für die Form

mittelgroßer Kochtopf
kleine Rührschüssel
Knoblauchpresse
Auflaufform

- Den Backofen auf 250 °C vorheizen.
- Schalotten fein hacken, die Zucchini in dünne Scheiben schneiden, die Kirschtomaten halbieren.
- Die Schalotten im heißen Olivenöl im Topf anschwitzen, dann die Zucchini und die Tomaten dazugeben und ebenfalls kurz anschwitzen.
- Die Oliven halbieren. Die durchgepressten Knoblauchzehen, Kräuter der Provence sowie die Oliven unterrühren und das Gemüse bei mittlerer Temperatur in etwa zehn Minuten bissfest garen.
- Zum Ende der Garzeit mit Salz und Pfeffer abschmecken.
- Die Semmelbrösel mit den Pinienkernen, dem Olivenöl, Basilikum und dem Paprikapulver verrühren.
- Das Gemüse in eine gefettete Auflaufform geben und mit der Semmelbröselmischung überstreuen.
- Das Gratin im Backofen bei 220 °C etwa zehn Minuten überbacken.

 Dazu Baguette und Basilikumpesto (Rezept s. S. 102) servieren.

Pusztatopf mit Sauerkraut, Bohnen und Knusperschicht

 30 Minuten

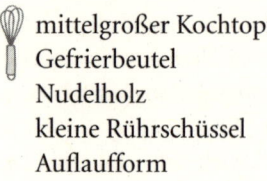 mittelgroßer Kochtopf
Gefrierbeutel
Nudelholz
kleine Rührschüssel
Auflaufform

1 rote Zwiebel
1 rote Paprika
2 EL Sonnenblumenöl
4 EL Weizenmehl (Type 1050)
150 ml trockener Rotwein
ersatzweise Tomatensaft
2 Lorbeerblätter
500 g gekochte Kidneybohnen
500 g Weinsauerkraut
140 g Tomatenmark
150 ml kaltes Wasser
3 EL Sojasauce
1 EL Aceto Balsamico
2 TL Roh-Rohrzucker
3 TL mildes Paprikapulver
1 TL rosenscharfes Paprikapulver
½ TL Kümmel
3 EL fein gehackte Petersilie

Für die Knusperschicht:
4 Scheiben Vollkornknäckebrot
4 EL Hefeflocken
100 ml Soja- oder Hafersahne
Öl für die Auflaufform

- Den Backofen auf 250 °C vorheizen.
- Die Zwiebel und die Paprika fein würfeln und im heißen Sonnenblumenöl im Topf anschwitzen.
- Mit dem Weizenmehl überstäuben, gut vermischen und etwas anbräunen lassen.
- Dann mit dem Rotwein ablöschen.
- Die Lorbeerblätter, Kidneybohnen und das Sauerkraut dazugeben und zwei bis drei Minuten kräftig anbraten.

- Dann die Temperatur etwas reduzieren und das Tomatenmark und Wasser unterrühren.
- Mit der Sojasauce, dem Aceto Balsamico, Zucker, Paprikapulver, Kümmel und der Petersilie würzen. Den Deckel auflegen und den Pusztatopf zehn Minuten köcheln lassen.
- In der Zwischenzeit für die **Knusperschicht** das Knäckebrot in einen Gefrierbeutel geben, gut verschließen und mit dem Nudelholz zerkrümeln.
- Die Knäckebrotkrümel mit den Hefeflocken und der Sojasahne vermischen.
- Den Pusztatopf in eine gefettete Auflaufform füllen, dabei die Lorbeerblätter entfernen.
- Die Knuspermischung mit den Fingerspitzen über das Gemüse krümeln.
- Die Backofentemperatur auf 200 °C reduzieren und den Pusztatopf knapp zehn Minuten überbacken.

 Der Pusztatopf reicht mit Brot und Salat als Beilage auch für sechs Personen.

Rote-Bete-Tarte

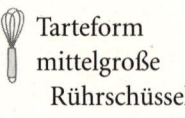 30 Minuten

Öl für die Tarteform
250 g Blätterteig (frisch oder aufgetaut)
4 mittelgroße gekochte Kartoffeln (vom Vortag)
200 ml kochend heiße Gemüsebrühe
150 ml Soja- oder Hafersahne
1–2 TL geriebener Tafelmeerrettich
3 EL Hefeflocken
2 EL fein gehackte Kapern
1 EL fein gehackte krause Petersilie
1 EL fein gehackter Schnittlauch
½ TL gemahlene Muskatnuss
Meersalz
frisch gemahlener weißer Pfeffer
1 gekochte Rote Bete (etwa 100 g)
3 EL Semmelbrösel

Tarteform
mittelgroße
Rührschüssel

- Den Backofen auf 250 °C vorheizen.
- Eine gefettete Tarteform mit dem Blätterteig auskleiden und diesen bei 220 °C fünf Minuten vorbacken.
- In der Zwischenzeit die Kartoffeln grob würfeln, mit der Gemüsebrühe übergießen und mit einer Gabel zermusen.
- Die Sojasahne, den Meerrettich, die Hefeflocken und die Kapern unterrühren.
- Die Petersilie, den Schnittlauch und die Muskatnuss ebenfalls unterziehen und die Kartoffelcreme mit Salz und Pfeffer abschmecken.
- Die Rote Bete fein würfeln und auf dem vorgebackenen Blätterteig verteilen.
- Die Kartoffelcreme darüberstreichen und mit den Semmelbröseln bestreuen.
- Die Tarte im Backofen bei 220 °C in zwanzig Minuten fertig backen.

Überbackene Avocados mit Champignonhaube

500 g Champignons
1 Zwiebel
1 EL Olivenöl
10 entkernte grüne Oliven
2 Knoblauchzehen
4 EL Tomatenmark
1 TL Sherry-Essig
4 TL fein gehackte Petersilie
Meersalz
frisch gemahlener schwarzer Pfeffer
2 große, reife Avocados (am besten Sorte Fuerte)
Olivenöl für die Auflaufform
1 TL Weißweinessig
frisch gemahlene Chiliflocken
2 EL Hefeflocken (nach Wahl)

 30 Minuten

mittelgroße Pfanne
Knoblauchpresse
Auflaufform

- Den Backofen auf 250 °C vorheizen.
- Die Champignons putzen und in Scheiben schneiden.
- Die Zwiebel fein hacken und im heißen Olivenöl anschwitzen.
- Die Champignons dazugeben und so lange bei hoher Temperatur und häufigem Rühren braten, bis sie weich sind und das meiste der Kochflüssigkeit verdunstet ist.
- Die Oliven halbieren und zusammen mit den durchgepressten Knoblauchzehen zu den Champignons geben.
- Das Tomatenmark, den Essig, die Petersilie unterrühren und das Ganze mit Salz und Pfeffer abschmecken. Nochmals drei bis vier Minuten schmoren lassen.
- In der Zwischenzeit die Avocados schälen und die Kerne entfernen.
- Die Avocadohälften in eine gefettete Auflaufform legen und sofort mit dem Essig beträufeln.
- Mit Chiliflocken und etwas Salz würzen.
- Die Champignonfüllung auf den Avocadohälften verteilen und mit den Hefeflocken überstreuen.
- Avocadohälften im Backofen bei 220 °C gut zehn Minuten überbacken.

Blitzgerichte

Blitzbrotsuppe

4 Scheiben Ciabatta oder
   anderes Weißbrot (etwa 100 g)
250 g gekochte weiße Bohnen
500 ml kochend heiße Gemüsebrühe
500 ml Soja-, Reis- oder Haferdrink
1 EL Apfelessig
4 EL trockener Sherry (nach Wahl)
2 MSP gemahlene Muskatnuss
1 durchgepresste Knoblauchzehe
4 EL fein gehackte krause Petersilie
Meersalz
frisch gemahlener weißer Pfeffer

 15 Minuten

mittelgroßer Kochtopf
Pürierstab
Knoblauchpresse

- Das Brot grob würfeln. Zusammen mit den Bohnen in einen Topf geben.
- Mit der Gemüsebrühe übergießen, zum Kochen bringen, einmal aufwallen lassen und zwei bis drei Minuten bei mittlerer Temperatur kochen.
- Den Topf vom Herd nehmen und die Suppe mit dem Pürierstab pürieren.
- Den Sojadrink hinzufügen und ein weiteres Mal pürieren.
- Den Topf zurück auf den Herd geben, den Apfelessig, Sherry, die Muskatnuss und die Kräuter unterrühren und noch einmal gründlich erhitzen.
- Die Suppe mit Salz und Pfeffer abschmecken und servieren.

Blitzbuchstabensuppe   15 Minuten

250 g tiefgekühlte Erbsen und junge Karotten   mittelgroßer Kochtopf
1,2 l kochend heißes Wasser
2 TL gekörnte Gemüsebrühe
120 g Buchstabennudeln
2 EL fein gehackte krause Petersilie
2 EL fein gehackter Schnittlauch
2 TL Miso (z. B. Genmai Miso)
frisch gemahlener weißer Pfeffer
Meersalz

- Die Erbsen und Karotten unaufgetaut in einen Topf geben und mit kochend heißem Wasser übergießen.
- Die gekörnte Gemüsebrühe unterrühren.
- Die Suppe zum Kochen bringen, einmal aufwallen lassen, dann die Nudeln unterrühren.
- Die Temperatur etwas reduzieren und die Nudeln bissfest garen.
- Kurz vor dem Servieren die Petersilie und den Schnittlauch sowie das Miso unterrühren.
- Die Suppe mit Pfeffer und, falls gewünscht, mit noch etwas Salz abschmecken.

 Eine Blitzsuppe der Extraklasse: blitzschnell, blitzlecker, supersättigend und supergesund.
Und den Geldbeutel schont sie auch noch.

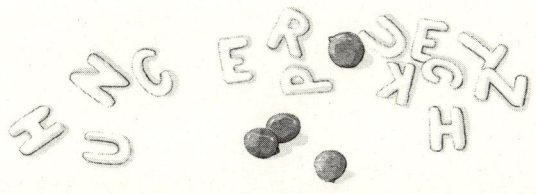

Blitzburger italienisch

 15 Minuten

1 rote Zwiebel
1 Knoblauchzehe
1 Tomate
250 g gekochte Kidneybohnen
2 TL getrocknete Pizzakräuter
2 EL Tomatenmark
6 EL Sojamehl
8 EL Semmelbrösel
Meersalz
frisch gemahlener schwarzer Pfeffer
Olivenöl zum Braten

Küchenmaschine
mittelgroße Pfanne
Knoblauchpresse

- Die Zwiebel und den Knoblauch schälen, dann vierteln.
- Die Tomate ebenfalls vierteln.
- Das Gemüse zusammen mit den Kidneybohnen und den Pizzakräutern im Mixbehälter der Küchenmaschine fein pürieren.
- Das Tomatenmark, Sojamehl und die Semmelbrösel unterrühren, sodass ein geschmeidiger Teig entsteht.
- Den Teig mit Salz und Pfeffer abschmecken.
- Mit den Händen vier flache Burger formen und diese im heißen Olivenöl von jeder Seite vier bis fünf Minuten braten.

 (Vollkorn-)Brötchen jeweils mit Senf und Tomatenmark bestreichen, mit Tomaten- und Gurkenscheiben sowie Salatblättern oder Rucola anreichern, die Burger dazwischenlegen und servieren.

Blitzcouscous mit grünen Erbsen  20 Minuten

400 g Instantcouscous
1 TL Meersalz
650 ml kochend heißes Wasser
3 EL Olivenöl
1 Zwiebel
1 rote Paprika
600 g tiefgekühlte grüne Erbsen
2 EL fein gehacktes Basilikum
2 TL getrockneter Thymian
6 EL Mandelparmesan (Rezept s. S. 111)
Meersalz
frisch gemahlener schwarzer Pfeffer

 kleiner Kochtopf
mittelgroßer Kochtopf

- Den Couscous mit dem Salz verrühren. Mit dem Wasser übergießen und den Topf auf die Herdplatte stellen.
- Den Couscous bei mittlerer Temperatur und häufigem Rühren zwei bis drei Minuten kochen, dann den Topf vom Herd nehmen.
- Zwei Esslöffel Olivenöl unterrühren und den Couscous mit geschlossenem Deckel ausquellen lassen.
- In der Zwischenzeit die Zwiebel fein hacken und die Paprika würfeln.
- Die Zwiebel in einem Esslöffel heißem Olivenöl kurz anschwitzen, dann die Paprika dazugeben und ebenfalls kurz anschwitzen.
- Die Erbsen dazugeben und das Gemüse bei mittlerer Temperatur in gut fünf Minuten bissfest garen.
- Das fein gehackte Basilikum und den Thymian sowie den Mandelparmesan unterrühren.
- Den ausgequollenen Couscous mit einer Gabel etwas auflockern, dann zu dem Gemüse in den Topf geben und gut vermischen.
- Das Gericht gründlich erhitzen, aber nicht mehr kochen.
- Mit Salz und Pfeffer abschmecken.

Blitzkritharaki mit Pfannen-Tomaten-Pesto

 15 Minuten

500 g griechische Kritharaki-Nudeln
Meersalz

mittelgroßer Kochtopf
mittelgroße Pfanne
Knoblauchpresse
Durchschlag

Für das Pesto:
2 EL Olivenöl
100 g Pinienkerne
15 in Öl eingelegte, getrocknete Tomaten
2 Knoblauchzehen
2 EL Tahin
1 EL Aceto Balsamico
2 TL getrocknete Pizzakräuter
3–4 EL Hefeflocken
Meersalz
frisch gemahlene Chiliflocken

- Die Kritharaki-Nudeln in reichlich Salzwasser bissfest garen.
- In einen Durchschlag geben, abtropfen lassen und dabei acht Esslöffel Kochwasser auffangen. Die Nudeln im Topf warm halten.
- Für das **Pesto** das Olivenöl in einer Pfanne erhitzen und die Pinienkerne darin kurz anrösten.
- Die Tomaten in feine Streifen schneiden und zusammen mit den durchgepressten Knoblauchzehen ebenfalls in die Pfanne geben.
- Das Tahin mit den acht Esslöffeln Nudelkochwasser verrühren und in die Pfanne geben.
- Aceto Balsamico, die Pizzakräuter und die Hefeflocken unterrühren.
- Das Ganze etwa vier Minuten schmoren lassen.
- Dann das Pfannenpesto zu den gekochten Nudeln in den Topf geben und gründlich vermengen.
- Die angemachten Nudeln mit Salz und Chiliflocken abschmecken.

Kritharaki-Nudeln sind eine Spezialität der griechischen Küche, die nur eine kurze Kochzeit verlangt. Sie werden aus Hartweizengrieß hergestellt und ähneln in der Form einem Reiskorn.
Wenn keine Kritharaki-Nudeln zur Hand sind, können die ähnlichen, italienischen Puntalette-Nudeln oder jede andere Pastasorte mit kurzer Kochzeit verwendet werden.

Blitzfalafel mit Joghurtsauce

 20 Minuten

Für die Falafel:
200 g gekochte Kichererbsen
100 g Kichererbsenmehl
100 ml kaltes Wasser
1 Zwiebel
2–3 Knoblauchzehen
Saft einer halben Zitrone
2 EL fein gehackte Petersilie
2 TL Tahin
½ TL gemahlener Kreuzkümmel
½ TL gemahlener Koriander
Meersalz
frisch gemahlener schwarzer Pfeffer
Oliven- oder Sojaöl zum Braten

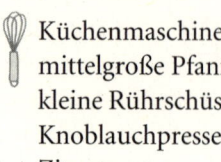
Küchenmaschine
mittelgroße Pfanne
kleine Rührschüssel
Knoblauchpresse
Zitruspresse

Für die Joghurtsauce:
250 g Sojajoghurt
1–2 EL Olivenöl
1 EL Zitronensaft
3 TL fein gehackte Salatkräuter
2 TL Tahin
Meersalz
frisch gemahlener weißer Pfeffer

- Für die **Falafel** alle Zutaten bis auf Salz, Pfeffer und das Öl zum Braten in den Mixbehälter der Küchenmaschine geben und gründlich zerkleinern.
- Mit Salz und Pfeffer abschmecken.
- Mit den Händen etwa fünfzehn kleine, runde Bratlinge formen und im heißen Öl von jeder Seite etwa vier Minuten braten.
- Während der Bratzeit die Zutaten für die **Joghurtsauce** zusammenrühren. Erst zum Schluss mit Salz und Pfeffer würzen.
- Die Falafel mit der Joghurtsauce und Fladenbrot servieren.

Blitznudeln mit Knoblauch- und Tofukrümeln

 15 Minuten

großer Kochtopf
kleine Pfanne
Durchschlag
Zitruspresse
Knoblauchpresse

500 g Mininudeln nach Wahl
  (z. B. Mini-Farfalle oder Mini Penne Rigate)
Meersalz
200 g Tofu (natur)
6–8 EL Olivenöl
4–5 Knoblauchzehen
2 getrocknete kleine Chilischoten
1 EL Zitronensaft
4 EL fein gehacktes Basilikum
frisch gemahlener schwarzer Pfeffer

- Die Nudeln in reichlich Salzwasser bissfest garen. Dann in einen Durchschlag gießen, gut abtropfen lassen, zurück in den Topf geben und warm halten.
- Den Tofu kurz abspülen, in Küchenkrepp einwickeln und das überschüssige Wasser vorsichtig auspressen.
- Das Olivenöl in einer Pfanne erhitzen und die durchgepressten Knoblauchzehen und den zwischen den Fingerspitzen fein zerkrümelten Tofu darin goldbraun anbraten.
- Die Chilischoten ebenfalls zwischen den Fingerspitzen zerkrümeln und zum Tofu geben.
- Den Zitronensaft und das Basilikum unterrühren und das Ganze mit Salz und Pfeffer herzhaft abschmecken.
- Die Tofukrümel mit den Nudeln vermengen.

 Diese moderne Variante des italienischen Klassikers »Alio et oglio« schmeckt nicht nur gut, sondern ist durch die Kombination von Kohlenhydraten und hochwertigem Eiweiß ein richtiges kleines Powerpaket.
Falls das Gericht sich für Kindergaumen zu scharf erweisen sollte, statt mit Chili nur moderat mit Paprikapulver würzen und weniger Knoblauch verwenden.

Blitzpizza

 20 Minuten

2 rote Zwiebeln
280 g Tomatenmark
4 TL getrocknete Pizzakräuter
100 ml kräftige, kalte Gemüsebrühe
4 EL Olivenöl
1 Fladenbrot
2 große Tomaten
2 gelbe Paprika
20 entkernte grüne Oliven
frisch gemahlener schwarzer Pfeffer
Schmelzcreme zum Überbacken (Rezept s. S. 115)

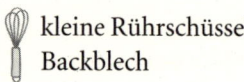 kleine Rührschüssel
Backblech

- Den Backofen auf 250 °C vorheizen.
- Die Zwiebeln fein hacken und mit dem Tomatenmark, den Pizzakräutern, der Gemüsebrühe und dem Olivenöl verrühren.
- Das Fladenbrot aufschneiden und beide Hälften mit der Tomatensauce bestreichen.
- Die Tomaten in dünne Scheiben, die Paprika in dünne Streifen schneiden und zusammen mit den grünen Oliven auf den Brothälften verteilen.
- Mit etwas Pfeffer würzen.
- Die Schmelzcreme in dünne Scheiben schneiden und die Brothälften damit abschließend belegen.
- Die Blitzpizza auf ein mit Backpapier ausgelegtes Backblech legen und im Backofen bei 220 °C zwölf bis fünfzehn Minuten backen.

 Falls keine Schmelzcreme zur Hand sein sollte, können die Pizzahälften entweder mit etwas Mandelparmesan (s. S. 111) bestreut oder mit etwas Olivenöl beträufelt werden.

Blitztomatensuppe

 15 Minuten

800 g geschälte Tomaten in Stücken
140 g Tomatenmark
200 ml kaltes Wasser
1 EL fein gehacktes Basilikum
1 TL getrockneter Majoran
1 TL getrockneter Oregano
1 durchgepresste Knoblauchzehe
1 TL Roh-Rohrzucker
1 TL mildes Paprikapulver
6 EL gegarter Gemüsemais
100 ml Soja- oder Hafersahne
Meersalz
frisch gemahlener schwarzer Pfeffer

 mittelgroßer Kochtopf
Knoblauchpresse

- Die geschälten Tomaten mit dem Tomatenmark und dem Wasser in einem Topf verrühren.
- Die Kräuter, den Knoblauch, den Zucker, das Paprikapulver und den Mais dazugeben und die Suppe zum Kochen bringen.
- Die Suppe fünf Minuten köcheln lassen, dann die Sojasahne unterrühren und mit Salz und Pfeffer abschmecken.

Blitztortilla    15 Minuten

2 reife Avocados
Saft einer halben Zitrone
2 Tomaten
4 EL Tomatenmark
2 Knoblauchzehen
8 EL gegarter Gemüsemais
Meersalz
rote, scharfe Chilisauce
8 Sandwichscheiben

 kleine Rührschüssel
Knoblauchpresse
Zitruspresse
Nudelholz

- Die Avocados halbieren und den Kern entfernen. Das Fruchtfleisch auslöffeln und mit einer Gabel zermusen. Sofort den Zitronensaft unterrühren.
- Die Tomaten fein würfeln.
- Das pürierte Avocadofleisch mit den Tomatenwürfeln, dem Tomatenmark, den durchgepressten Knoblauchzehen und dem Mais verrühren.
- Mit Salz und der Chilisauce abschmecken.
- Die Sandwichscheiben mit einem Nudelholz kräftig bearbeiten, sodass sie flacher und größer werden.
- Das Avocadomus dünn auf die Sandwichscheiben streichen und diese wie eine Tortilla aufrollen.

 Die Blitztortilla funktionieren am besten, wenn man weiche Sandwichscheiben aus hellem Mehl verwendet. Für die nötigen Ballaststoffe kann ein Salat als Beilage serviert werden.

Blitzwok

 15 Minuten

250 g asiatische Reisnudeln
1,5 l kochend heißes Wasser
250 g Austernpilze
2 rote Paprika
1 EL Soja- oder Sesamöl
300 g Sojasprossen
100 g geröstete Cashewkerne
2 EL Erdnussmus
4 EL Sojasauce
2 EL Weißweinessig
3 EL fein gehackte Petersilie
frisch gemahlene Chiliflocken
Meersalz

Wok oder
  hochwandige Pfanne
mittelgroßer Kochtopf
Durchschlag

- Die Reisnudeln mit dem kochend heißen Wasser übergießen, zum Kochen bringen und in zwei bis drei Minuten garen. In einen Durchschlag geben, mit heißem Wasser abspülen und abtropfen lassen.
- Die Austernpilze putzen und in Streifen schneiden, die Paprika würfeln.
- Das Öl in einem Wok oder einer Pfanne erhitzen und die Pilze und die Paprika darin kurz anbraten.
- Die Sojasprossen abtropfen lassen und zusammen mit den Cashewkernen zu dem Gemüse geben. Kurz schmoren lassen.
- Danach die Reisnudeln dazugeben und alles unter ständigem Rühren gründlich erhitzen.
- Das Erdnussmus, die Sojasauce, den Weißweinessig und die Petersilie unterrühren.
- Das Gericht weitere zwei Minuten schmoren lassen, dann mit Chiliflocken und, falls gewünscht, mit etwas Salz abschmecken.

 Reisnudeln haben die leidige Tendenz, am Boden des Wok anzusetzen. Um dies zu verhindern, muss entweder ständig gut gerührt oder nach Wahl noch etwas Öl, Wasser oder Gemüsebrühe hinzugefügt werden.

Desserts und Süßspeisen

»Arme Ritter« mit exotischem Obstsalat

 25 Minuten

mittelgroße Rührschüssel
Glasschüssel
2 große Pfannen
Zitruspresse

Für die »Armen Ritter«:
6 EL Weizenmehl (Type 1050)
2 EL Roh-Rohrzucker
1 TL gemahlener Zimt
2 MSP gemahlene Muskatnuss
1 MSP Salz
400 ml Vanillesojadrink oder -haferdrink
8 Scheiben Vollkorntoast
8 TL Sojaöl zum Braten

Für den Obstsalat:
1 Mango
2 Kiwis
2 kleine Bananen
Saft einer halben Limette
3–4 EL Honig oder Ahornsirup
4 EL Kokosflocken

- Für die **»Armen Ritter«** das Weizenmehl mit dem Zucker, Zimt, der Muskatnuss und dem Salz verrühren.
- Unter ständigem Rühren den Vanillesojadrink dazugeben, sodass ein flüssiger Teig entsteht.
- Pro Toastscheibe einen Teelöffel Sojaöl in einer beschichteten Pfanne heiß werden lassen.
- Die Toastscheiben in den Teig tauchen, einen Moment warten, bis sie sich gut vollgesogen haben, dann etwas abtropfen lassen und im heißen Öl von beiden Seiten goldbraun braten.
- Für den **Obstsalat** die Mango und Kiwis schälen und in Würfel schneiden.

- Die Bananen schälen und in dünne Scheiben schneiden.
- Das Obst in eine Schüssel geben und mit dem Limettensaft, Honig und den Kokosflocken verrühren.
- Obst zu den »Armen Rittern« servieren.

 Am besten schmecken die »Armen Ritter« direkt heiß aus der Pfanne. Wenn alle jedoch gleichzeitig essen möchten, die schon fertig gebratenen »Armen Ritter« bei 50 °C im Backofen warm halten.
Sollte noch etwas von dem Teig übrig bleiben, kann dieser unter häufigem Rühren so lange in der Pfanne gekocht werden, bis er eindickt. Als Resultat ergibt sich eine Art von warmem Vanillepudding, der noch warm oder auch gut durchgekühlt schmeckt.

Ananas-Tofu-Creme

 15 Minuten

½ frische Ananas
400 g Seidentofu
Saft einer Limette
1 Päckchen Vanillezucker
3–4 EL Roh-Rohrzucker
4 EL Kokosflocken

 hochwandiges Rührgefäß
Pürierstab
Zitruspresse

- Die Ananas in Würfel schneiden und die Hälfte davon beiseite stellen.
- Den Seidentofu abgießen und mit der Hälfte der Ananaswürfel, dem Limettensaft, dem Vanillezucker und dem Rohrzucker in ein hochwandiges Rührgefäß geben. Mit dem Pürierstab pürieren.
- Die restlichen Ananaswürfel vorsichtig unterheben und die Creme in Dessertschalen füllen.
- Mit den Kokosflocken überstreuen.

 Statt der Ananas können auch 500 Gramm frische Erdbeeren verwendet werden.

Bananen-Zimt-Eis mit Rumrosinen

 25 Minuten
Einweichzeit

100 g Rosinen
50 ml Rum
ersatzweise 50 ml schwarzer Tee mit
ein wenig Rumaroma
8 in Scheiben geschnittene, tiefgefrorene Bananen
200 ml Soja-, Reis- oder Haferdrink
1 TL gemahlener Zimt
3 – 4 EL Karamellsirup

kleine Rührschüssel
Küchenmaschine

- Die Rosinen mit dem Rum überträufeln und **zwei bis drei Stunden** oder auch über Nacht **ziehen lassen.**
- Die gefrorenen Bananen bei Zimmertemperatur eine Viertelstunde antauen lassen, dann zusammen mit dem Sojadrink, dem Zimt und dem Karamellsirup im Mixbehälter der Küchenmaschine fein pürieren.
- Die Rumrosinen unterrühren.

 Wer es noch süßer mag, kann das Bananeneis mit zusätzlichem Karamellsirup beträufeln.

Birnenkompott mit Bananen-Tofu-Creme

Für das Kompott:
4 große, reife Birnen
Saft einer Zitrone
6 EL Roh-Rohrzucker
½ TL gemahlener Zimt

Für die Bananen-Tofu-Creme:
200 g Tofu (natur)
1 kleine reife Banane
1 EL Zitronensaft
1 MSP Salz
2 EL Rapsöl
3 EL Roh-Rohrzucker
1 Päckchen Vanillezucker

 20 Minuten

mittelgroße Pfanne
Küchenmaschine
Zitruspresse

- Für das **Kompott** die Birnen vierteln, entkernen und in mundgerechte Würfel schneiden.
- Den Zitronensaft in der Pfanne zum Kochen bringen und den Zucker einrieseln lassen.
- So lange rühren, bis der Zucker sich aufgelöst hat.
- Den Saft unter weiterem Rühren etwas einkochen lassen.
- Dann die Birnenwürfel dazugeben und unter weiterem Rühren drei bis vier Minuten garen, bis sie weich sind.
- Den Zimt unterrühren und die Pfanne vom Herd nehmen.
- Für die **Creme** den Tofu kurz abbrausen, in Küchenkrepp einschlagen und das überschüssige Wasser vorsichtig auspressen. Danach grob würfeln.
- Die Banane in Scheiben schneiden.
- Alle Zutaten für die Creme in den Mixbehälter der Küchenmaschine geben und fein pürieren.

 Die Tofucreme schmeckt besonders gut zu den noch heißen Birnen, wenn sowohl der Tofu als auch die Banane vor dem Verarbeiten gut durchgekühlt sind. Die Banane kann sogar gefroren sein.

Erdbeereis

 25 Minuten

300 g tiefgekühlte Erdbeeren
2 in Scheiben geschnittene, tiefgefrorene Bananen
200 ml Soja-, Reis- oder Haferdrink
30 ml Erdbeer- oder Grenadinesirup
Roh-Rohrzucker, Honig oder Ahornsirup
   nach Belieben

 Küchenmaschine

- Die Erdbeeren und die Bananen aus der Tiefkühltruhe nehmen und etwa fünfzehn Minuten bei Zimmertemperatur antauen lassen.
- Dann zusammen mit dem Sojadrink und dem Sirup im Mixbehälter der Küchenmaschine fein pürieren.
- Nach Geschmack süßen.

 Wenn 40 Gramm fein geraspelte Zartbitterschokolade hinzugefügt werden, hat man im Handumdrehen ein Erdbeer-Stracciatella-Eis.

Feines Sesam-Mandel-Dessert

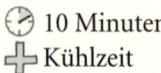 10 Minuten
Kühlzeit

7–8 EL weißes Tahin
4 EL Honig oder Ahornsirup
4 EL Zitronensaft
300 ml Soja-, Reis- oder Haferdrink
2 TL Johannisbrotkernmehl
8 EL gemahlene Mandeln
2 MSP gemahlener Zimt
4 TL Honig oder Ahornsirup
2 TL Sesamsamen

hochwandiges Rührgefäß
Pürierstab
Zitruspresse

- Das Tahin, den Honig, den Zitronensaft und den Sojadrink in ein hochwandiges Rührgefäß geben und mit dem Pürierstab zu einer glatten Creme verarbeiten.
- Das Johannisbrotkernmehl, die gemahlenen Mandeln und den Zimt unterrühren.
- Das Dessert in vier kleine Dessertschälchen füllen und **mindestens eine Stunde** oder auch über Nacht im Kühlschrank **durchkühlen lassen.**
- Vor dem Servieren jede Portion mit einem Teelöffel Honig beträufeln und einem halben Teelöffel Sesamsamen überstreuen.

 Falls kein weißes Tahin zur Hand ist, kann auch Mandelmus verwendet werden.

Frische Erdbeeren auf Minzschaum

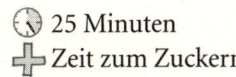 25 Minuten
Zeit zum Zuckern

1 kg Erdbeeren
4–6 EL Roh-Rohrzucker
4 reife Bananen
100 ml Vanillesojadrink oder -haferdrink
8 Blätter Zitronenmelisse
6 Blätter (Ingwer-)Minze
8 EL Kokosflocken
200 ml aufschlagbare Sojasahne
1 Päckchen Vanillezucker
frisch gemahlener weißer Pfeffer

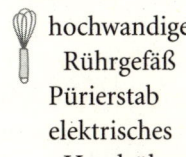 hochwandiges
Rührgefäß
Pürierstab
elektrisches
Handrührgerät

- Die Erdbeeren putzen, halbieren, mit dem Zucker vermischen und **mindestens eine Stunde** oder auch über Nacht im Kühlschrank **ziehen lassen.**
- Die Bananen in grobe Scheiben schneiden und in ein hochwandiges Rührgefäß geben.
- Den Sojadrink, die Hälfte der Zitronenmelisse und die gesamte Minze dazugeben und mit dem Pürierstab schaumig pürieren.
- Die Hälfte der Kokosflocken unterrühren.
- Den Minzschaum in vier Portionen auf tiefe Suppenteller verteilen.
- Die Erdbeeren darübergeben.
- Jede Portion mit einem Esslöffel Kokosflocken bestreuen und mit einem Blatt Zitronenmelisse garnieren.
- Die Sojasahne zusammen mit dem Vanillezucker steif schlagen.
- Pro Portion jeweils vier Sahnehäubchen am Tellerrand platzieren.
- Auf jedes Sahnehäubchen eine Messerspitze weißen Pfeffer geben.

 An heißen Sommertagen kann dieses Dessert auch als kleine Hauptmahlzeit serviert werden.

Himbeersorbet

 15 Minuten

600 g tiefgekühlte Himbeeren
100 ml Grenadinesirup
200 ml alkoholfreier Sekt
8 EL Soja- oder Hafersahne

 Küchenmaschine

- Die tiefgekühlten Himbeeren bei Zimmertemperatur fünf Minuten antauen lassen.
- Dann zusammen mit dem Grenadinesirup und dem alkoholfreien Sekt im Mixbehälter der Küchenmaschine fein pürieren.
- In Dessertschälchen füllen und mit der Sojasahne überträufeln.

 Wer möchte, kann natürlich auch normalen Sekt verwenden. Das Sorbet reicht für vier große oder sechs kleine Portionen.

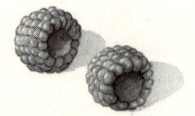

Kiwi-Carpaccio

 15 Minuten

30 g Zartbitterschokolade
8 Kiwis
4 EL Orangenmarmelade
Saft von 2 Blutorangen
6 EL Puderzucker

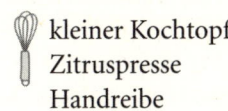 kleiner Kochtopf
Zitruspresse
Handreibe

- Die Zartbitterschokolade raspeln.
- Die Kiwis schälen, in dünne Scheiben schneiden und fächerförmig auf vier Tellern verteilen.
- Die Orangenmarmelade in einem kleinen Kochtopf etwas erwärmen, danach vom Herd nehmen.
- Den Orangensaft und den Puderzucker zu der Marmelade geben und gut verrühren.
- Den Saft über die Kiwis träufeln und mit der geraspelten Zartbitterschokolade bestreuen.

Mandarinensalat mit Nüssen und Schokoraspeln

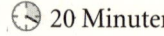 20 Minuten

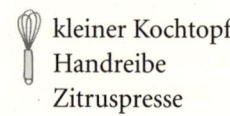 kleiner Kochtopf
Handreibe
Zitruspresse

8 Mandarinen
100 g Roh-Rohrzucker
Saft einer halben Zitrone
50 ml Wasser
½ Vanilleschote
4 EL Mandelstifte
4 EL grob gehackte Walnüsse
4 EL getrocknete Cranberrys
40–50 g Zartbitterschokolade

- Die Mandarinen schälen, in Spalten teilen und auf vier Desserttellern verteilen.
- Den Zucker mit dem Zitronensaft und dem Wasser in einem kleinen Kochtopf verrühren.
- Das Vanillemark auskratzen und dazugeben.
- Die Zuckerlösung zum Kochen bringen. So lange unter ständigem Rühren kochen, bis der Zucker sich komplett aufgelöst hat.
- Den Zuckersirup über die Mandarinenspalten träufeln.
- Die Mandelstifte, Walnüsse und Cranberrys über die Mandarinenspalten streuen.
- Die Schokolade raspeln und ebenfalls über die Mandarinen geben.

Mango-Nuss-Torte ohne Backen

 20 Minuten

Für den Tortenboden:
250 g Haselnüsse oder Mandeln
200 g getrocknete Soft-Feigen
50 ml kaltes Wasser
Saft einer halben Zitrone
Roh-Rohrzucker oder Honig nach Belieben

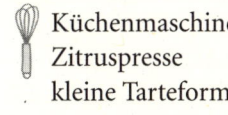 Küchenmaschine
Zitruspresse
kleine Tarteform

Für den Belag:
4 Kiwis oder andere Früchte der Saison
1 reife Mango
4 große Bananen
Saft einer halben Zitrone
125 g Kokosflocken
6 EL Mandelstifte

- Für den **Boden** die Nüsse und Feigen zusammen mit dem Wasser im Mixbehälter der Küchenmaschine zerkleinern.
- Den Zitronensaft unterrühren und die Teigmasse mit Zucker oder Honig nach Belieben abschmecken.
- Die Teigmasse in eine kleine Tarteform füllen und glatt streichen. Den Rand ein wenig hochziehen.
- Für den **Belag** die Kiwis schälen und in dünne Scheiben schneiden. Auf dem Tortenboden verteilen.
- Die Mango und Bananen schälen.
- Die Früchte grob würfeln und im Mixbehälter der Küchenmaschine fein pürieren.
- Den Zitronensaft und die Kokosflocken unterrühren.
- Die Fruchtmasse über die Kiwis streichen.
- Die Torte mit den Mandelstiften bestreuen.
- Ergibt etwa acht Tortenstücke.

 Die Rohkosttorte kann sofort serviert werden, **schmeckt** aber noch **besser,** wenn sie etwa **zwei Stunden im Kühlschrank** durchkühlen konnte.

Maronen-Schoko-Mousse

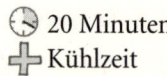 20 Minuten
Kühlzeit

Für 6 Portionen:
200 g Zartbitterschokolade
300 g fertig gegarte Maronen
3 EL Rum
   ersatzweise ein paar Tropfen Rumaroma
3–4 EL Puderzucker
400 ml aufschlagbare Sojasahne
2 Päckchen Vanillezucker

 kleine Edelstahlschüssel
mittelgroßer Topf
Küchenmaschine
elektrisches Handrührgerät
hochwandiges Rührgefäß

- Die Zartbitterschokolade im Wasserbad schmelzen.
- Die Maronen zusammen mit dem Rum und dem Puderzucker in der Küchenmaschine fein pürieren.
- Die geschmolzene Schokolade unterrühren.
- Die Sojasahne mit dem Vanillezucker steif schlagen und unter die Maronen-Schoko-Masse ziehen.
- Vor dem Servieren etwa **eine Stunde** im Kühlschrank **durchkühlen** lassen.

Falls die Sojasahne nicht steif wird, ein bis zwei Teelöffel Johannisbrotkernmehl unterrühren.

Da dieses Dessert sehr sättigend ist, reicht es auch für sechs Personen. Reste halten sich in einem verschließbaren Gefäß zwei bis drei Tage im Kühlschrank.

Marsala-Mandel-Creme

 15 Minuten

100 g Tofu (natur)
100 g gemahlene Mandeln
100 ml trockener Marsalawein oder Sherry
    ersatzweise heller Traubensaft
250 ml Prosecco oder Sekt
    ersatzweise alkoholfreier Sekt
5–6 EL Puderzucker
2 TL Johannisbrotkernmehl
1 TL abgeriebene Zitronenschale
2 MSP gemahlene Kurkuma oder 1 Safranfaden
1 MSP Salz

 Küchenmaschine
kleiner Kochtopf
Handreibe

- Den Tofu kurz abbrausen, in Küchenkrepp einschlagen und das überschüssige Wasser vorsichtig auspressen. Danach grob würfeln.
- Den Tofu und die restlichen Zutaten in den Mixbehälter der Küchenmaschine geben und zu einer feinen Creme pürieren.
- Die Creme in einen kleinen Kochtopf umfüllen und unter ständigem Rühren vorsichtig erhitzen, bis die Creme anfängt, Blasen zu werfen.
- In Dessertgläser füllen.

 Durch die Zugabe von frischen Früchten (zum Beispiel Himbeeren, Erdbeeren oder grüne Weintrauben) kann die Marsala-Mandel-Creme verfeinert werden.

Melonen-Kokos-Schichtdessert

 15 Minuten

½ Honig- oder Netzmelone
2 EL weißer Rum
    ersatzweise ein paar Tropfen Rumaroma
4 EL Roh-Rohrzucker
6 EL Kokosflocken
400 ml Kokosmilch
2 Päckchen Vanillezucker
2 TL Johannisbrotkernmehl
2 EL Kokosflocken zum Überstreuen

Küchenmaschine
hochwandiges
    Rührgefäß
elektrisches
    Handrührgerät

- Das Fruchtfleisch der Melone grob würfeln und zusammen mit dem Rum und dem Zucker im Mixbehälter der Küchenmaschine pürieren.
- Die Kokosflocken unterrühren.
- Die Kokosmilch in ein hochwandiges Rührgefäß geben und zusammen mit dem Vanillezucker und dem Johannisbrotkernmehl so steif wie möglich schlagen.
- Das Melonenpüree und die steif geschlagene Kokosmilch schichtweise in mittelgroße Saftgläser geben, mit den Kokosflocken bestreuen.

Mit Schokolade gefüllte Blätterteigrollen

 30 Minuten

4 tiefgekühlte Blätterteigscheiben
   (20 cm x 10 cm)
70–80 g Zartbitterschokolade
1 Eigelb
1 EL kaltes Wasser
4 TL Roh-Rohrzucker
4 TL Mandelblättchen

Backblech
kleine Rührschüssel

- Den Backofen auf 200 °C vorheizen.
- Die Blätterteigscheiben bei Zimmertemperatur etwa zehn Minuten antauen lassen.
- In der Zwischenzeit die Schokolade mit einem scharfen Messer in kleine Stücke schneiden.
- Die Schokolade auf einem Drittel der Blätterteigscheiben verteilen, dann die Scheiben aufrollen, sodass die gesamte Schokolade eingeschlossen ist.
- Die Blätterteigrollen mit der Naht nach unten auf ein mit Backpapier ausgelegtes Backblech legen.
- Das Eigelb mit dem Wasser verrühren und die Blätterteigtaschen damit bestreichen.
- Mit dem Zucker und den Mandelblättchen überstreuen.
- Die Blätterteigrollen im Backofen bei 200 °C etwa fünfzehn Minuten backen.
- Lauwarm oder auch kalt servieren.

 Falls kein Eigelb zur Hand ist, die Blätterteigrollen einfach mit etwas Sojadrink bestreichen.

Mokkacreme

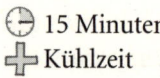 15 Minuten
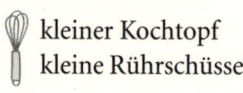 Kühlzeit

2 EL Margarine
4 EL Roh-Rohrzucker
60 ml Espresso oder sehr starker Kaffee
30 ml Amaretto
40 g Speisestärke
2 TL Johannisbrotkernmehl
300 ml Soja-, Reis- oder Haferdrink
300 ml Soja- oder Hafersahne

kleiner Kochtopf
kleine Rührschüssel

- Die Margarine in einem kleinen Kochtopf zum Schmelzen bringen und den Zucker einrieseln lassen.
- Den Espresso und den Amaretto dazugeben und so lange rühren, bis der Zucker sich komplett aufgelöst hat.
- Die Speisestärke und das Johannisbrotkernmehl vermischen und mit etwas Sojadrink anrühren.
- Den restlichen Sojadrink in den Topf mit der Zucker-Kaffee-Mischung gießen.
- Die angerührte Speisestärke gründlich unterrühren.
- Die Creme unter ständigem Rühren zum Kochen bringen. Zwei bis drei Minuten kochen, bis die Creme eindickt, dann vom Herd nehmen.
- Die Creme etwas abkühlen lassen, dann die Sojasahne unterrühren.
- Die Creme in Portionsschälchen füllen und **über Nacht** im Kühlschrank **durchkühlen** lassen.

 Wenn Kinder mitessen oder auf den Alkohol verzichtet werden soll, anstelle des Amarettos Amarettosirup verwenden. Dann mit etwas weniger Zucker süßen.

Westfälisches Schichtdessert mit Pumpernickel

400 g Tofu (natur)
1 Vanilleschote
Saft einer Zitrone
2 EL Rum (nach Wahl)
4 EL Roh-Rohrzucker
100 ml Soja-, Reis- oder Haferdrink
6 EL Preiselbeerkompott
2 EL Grenadinesirup
4 Scheiben Pumpernickel
1 TL gemahlener Zimt
4 EL Zuckerrübensirup
50 ml Apfelsaft
30 g Zartbitterschokolade

 20 Minuten

 Pürierstab
Zitruspresse
Handreibe
hochwandiges Rührgefäß
2 kleine Rührschüsseln

- Den Tofu kurz abspülen, in Küchenkrepp einschlagen und das überschüssige Wasser vorsichtig auspressen. Danach grob würfeln und in ein hochwandiges Rührgefäß geben.
- Die Vanilleschote auskratzen und zusammen mit dem Zitronensaft, dem Rum, dem Zucker und dem Sojadrink zu dem Tofu geben.
- Mit dem Pürierstab zu einer feinen Creme pürieren.
- Das Preiselbeerkompott mit dem Grenadinesirup verrühren.
- Das Pumpernickel mit den Fingerspitzen fein zerkrümeln und mit dem Zimt, dem Zuckerrübensirup und dem Apfelsaft verrühren.
- Das angemachte Pumpernickel in eine Dessertschüssel füllen.
- Das Preiselbeerkompott daraufverteilen und glatt streichen.
- Die Tofucreme daraufverteilen.
- Die Zartbitterschokolade raspeln und das Dessert damit bestreuen.

 Das Dessert kann sofort serviert werden, **schmeckt** aber noch **besser,** wenn es **über Nacht im Kühlschrank** durchkühlt.
Wer schwarze (Zuckerrohr-)Melasse vorrätig hat, kann einen Teil des Zuckerrübensirups durch Melasse ersetzen.

Zuckerrübentarte

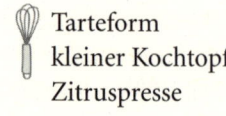 30 Minuten

250 g Blätterteig (frisch oder aufgetaut)
Fett für die Tarteform
200 g Zuckerrübensirup
1 TL gemahlener Zimt
Saft einer Zitrone
100 g Semmelbrösel

Tarteform
kleiner Kochtopf
Zitruspresse

- Den Backofen auf 250 °C vorheizen.
- Eine gefettete Tarteform mit dem Blätterteig auskleiden.
- Den Zuckerrübensirup mit dem Zimt und dem Zitronensaft verrühren und in einem kleinen Kochtopf bei niedriger Temperatur erwärmen.
- Wenn der Sirup flüssig wird, die Semmelbrösel dazugeben und gut vermischen.
- Das Sirupgemisch auf dem Blätterteig verteilen und glatt streichen.
- Die Zuckerrübentarte bei 200 °C gut zwanzig Minuten backen.
- Etwas abkühlen lassen und servieren.

 Die Zuckerrübentarte oder »Treacle tart« ist nicht nur ein Klassiker der britischen Küche, sondern zugleich das Lieblingsdessert von niemand geringerem als Harry Potter!

Die Autorin

Heike Kügler-Anger litt einige Jahre unter Laktose-Intoleranz. Die leidenschaftliche Köchin und Genießerin entdeckte die ganze Palette an pflanzlichen Milchersatzprodukten, machte sich mit Tofu und Hülsenfrüchten bekannt und begann mit Nüssen und Kernen zu experimentieren. Inzwischen hat sie ein breites Repertoire an milchfreien Rezepten, das sie gerne weitergeben möchte.

Wenn sie nicht gerade in der Küche experimentiert oder bei ihren Reisen in die Kochtöpfe anderer Länder schaut, gibt Heike Kügler-Anger Kochkurse an der Volkshochschule.

Im pala-verlag von ihr bereits erschienen:
»Vegetarisch kochen – französisch«

Rezeptverzeichnis

Andere Bücher aus dem pala-verlag

Heike Kügler-Anger:
Vegetarisch kochen – französisch
ISBN: 978-3-89566-224-9

Beate Schmitt:
Ohne Milch und ohne Ei
ISBN: 978-3-89566-179-2

Dr. Bettina Pabel:
Natürlich glutenfrei
ISBN: 978-3-89566-204-1

Simone Stefka:
Glutenfrei backen
ISBN: 978-3-89566-226-3

Gesunde Ernährung von Anfang an

Roswitha Stracke:
Nickelallergie
ISBN: 978-3-89566-228-7

Irmela Erckenbrecht:
So schmeckt's Kindern vegetarisch
ISBN: 978-3-89566-170-9

Herbert Walker:
Vollwertig kochen und backen
mit Pfiff – ohne tierisches Eiweiß
ISBN: 978-3-89566-146-4

Suzanne Barkawitz:
Vegan genießen
ISBN: 978-3-89566-137-2

Gesamtverzeichnis bei:
pala-verlag, Rheinstraße 35, 64283 Darmstadt, www.pala-verlag.de

ISBN: 978-3-89566-232-4
© 2007: pala-verlag,
Rheinstraße 35, 64283 Darmstadt
www.pala-verlag.de

Alle Rechte vorbehalten

Umschlag- und Innenillustrationen: Karin Bauer
Lektorat: Barbara Reis

Satz und Gestaltung: Verlag Die Werkstatt, Göttingen
www.werkstatt-verlag.de

Druck: fgb · freiburger graphische betriebe
www.fgb.de
Printed in Germany

Dieses Buch ist auf Papier aus 100 % Recyclingmaterial gedruckt.